王尽美（1898－1925），原名王瑞俊，又名王烬美，山东诸城人。中国共产党创始人之一，山东党组织最早的组织者和领导者，在党的创建和早期革命活动中，做出了卓越贡献。

北京宣传文化引导基金
BEIJING CULTURE GUIDING FUND
北京宣传文化引导基金资助项目

尽美中国

王尽美传

丁一鹤 著

北京出版集团
北京十月文艺出版社

目录
Contents

1. 布谷

"布谷！布谷！布谷……"

1918年春天的暖风，越过村南无名小山的崮顶，伴随着布谷鸟的叫声，一声一声敲打着乡村青年王瑞俊（王瑞俊，字灼斋，后改名王烬美、王尽美）的耳鼓。

20岁的乡村青年王瑞俊，从小就是在这种灰褐色的夏候鸟的叫声中长大的。每年春季四五月份，布谷鸟们都会来到沂蒙山东北部的这座无名小山上，此起彼伏凄厉洪亮地啼叫着，叫得人们心烦意乱，坐立不安。

这座无名小山，高不足百米，位于山东莒县大北杏村村南，当地老百姓把这个小山叫作南岭。很多年后，大北杏村划归到诸城市枳沟镇。

每次远远听到布谷鸟单调的叫声，王瑞俊都会悄悄地钻进南岭的树林中，在黑松和杨树浓密的枝杈间，寻找布谷鸟的身影。王瑞俊想看一看这种鸟儿的嘴角，在啼鸣之后到底有没有带着鲜血。

王瑞俊在诸城枳沟镇高小读书的时候，在课堂上听王新甫老师说过，这种布谷鸟又叫杜鹃鸟。王新甫老师说过一个杜鹃啼血的典故，传说古时候蜀国有个国君名叫杜宇，逃到了山里忧愤而死，化身为一种鸟儿，名为杜鹃鸟，这种鸟儿终日悲啼，以至于嘴角流出滴滴鲜血，这些血飞溅到山花上，就成了杜鹃花。在古诗文中，杜鹃是一种悲鸟，但凡心中哀伤悲痛时，往往会借这种鸟儿来表达自己的情感。

王瑞俊问王新甫说："一只鸟儿生下来，就是为了飞翔，哪能给自己套上枷锁？"

王新甫说："杜鹃鸟是人变的，所以有着人的思维和意志，精卫填海，杜鹃啼血，都是因为它们有各自的使命！杜鹃的使命，就是催促老百姓赶紧播种。春天辛苦播种，秋天才有收获。"

此时的王瑞俊和王新甫并不知道，雨果曾经说过类似的名言：人生下来不是为了拖着锁链，而是为了展开双翼。

自从三年前王瑞俊离开学校回家结婚之后，三年的乡村生活并没有给20岁的王瑞俊带来任何喜悦。在布谷鸟的鸣叫里，他心烦意乱：好不懂事的鸟儿，就知道不停地喊叫着"布谷、布谷"，可我们一家四口人，祖母、母亲两个寡妇，加上自己和刚刚身怀六甲的媳妇，在这个村里却连立锥之地都没有，甚至现在四口人住的房子，也是别人家放农具放柴草的柴房。

连属于自己的土地都没有，王瑞俊去哪里布谷？

王尽美故居旧貌（王尽美纪念馆供图）

在大北杏村里，王瑞俊算是最有文化的人。但堂堂七尺男儿，面对祖孙三代三个女人，家里无房无地，人生前路茫茫。

他不想在这座小山下，面朝黄土背朝天当一辈子雇农！

王瑞俊的乳名叫仓囤，就是用高粱秆围起来放粮食的谷仓。但从王瑞俊记事起，家里从来没有建过仓囤。在这个青黄不接的春天里，连家里盛粮食的黑黢黢的土陶罐，都要见底了。

一家老小，眼看就要过不下去了。作为家里的顶梁柱，王瑞俊被布谷鸟叫得心烦意乱。他追逐着布谷鸟粗犷而单调的声音，钻进了小山的黑松和刚刚抽芽的稗草之间，去驱赶那些讨厌的鸟儿。

但他刚刚靠近树林浓密处，只听见扑棱棱一阵乱响，那些灰褐色的鸟儿瞬间消失得无影无踪。

失望的王瑞俊只好停在松林之下，但那些"布谷、布谷"的叫声，又在不远不近的山野之间此起彼伏、鸣叫不息。

王瑞俊知道，这种鸟儿生性孤僻，喜欢单独活动，飞行快速而有力。人们只听到它的叫声，却难以见到它的样子。

王瑞俊失望地叹了口气，从黑松之间走出来。此时，他的眼前突然开阔起来，松林之外，南岭之巅，他的脚下踩着的是两千年前春秋战国时留下的齐长城。

站在齐长城残垣断壁上的王瑞俊，视野中漫山遍野的杜鹃花点燃了这座无名小山的沟沟坎坎。一丛丛杜鹃花如火如霞，热烈地沿着长城内外铺展开来。云锦、映山红、满山红，王瑞俊熟悉这些北方杜鹃花的品种。他还熟悉这座无名小山上的所有植物，尤其是野花野草：龙葵、马齿苋、灰灰菜、车前草、过路黄、半边月。

在1918年鲁东南的春天里，桃花红，杏花白，梯田在布谷鸟的叫声里一层层展开。

2．在莒

　　站在南岭之上，王瑞俊双手掐腰放眼四顾。山东边是穿过沂蒙山边缘缓缓流过的潍河，潍河的南边是青菜团子一样的连绵群山，北边是一望无际的潍河平原。从这里往东望去，在王瑞俊视野之外的几十里外的潍河上，有一处狭窄的河道叫韩信坝，那是楚汉相争时韩信斩龙且的古战场。

　　王瑞俊脚下的这座无名小山，两千年前是齐国、楚国、古莒国的分水岭。小山上废弃的齐长城的北边是齐国的山水，长城的南边是被楚国侵吞的古莒国的故地。

　　南岭的南边是郁郁葱葱的群山，那片贫瘠的山区是五莲县的地界。

　　潍河的源头，是望都望不到边的西部沂蒙群山，那是莒县和沂水的地界。

　　王瑞俊出生的这个小村大北杏，此刻属于军阀混战割据中的莒县管辖。天知道，现在莒县城头上，飘的是哪家大王的旗帜。

山东莒县，就是勿忘在莒的那个古莒国。春秋时期，这座无名小山就是齐国、鲁国、古莒国三国争雄的核心要冲。附近很多村子叫作前寨、后寨，都是当年列强争霸时候留下的营寨。

隔壁还有些村的名字叫前水清、后水清，都寄托着老百姓最朴素的盛世愿望：海晏河清，水清山明。

1911年辛亥革命之后，1912年元月，孙中山就任临时大总统，宣布中华民国正式成立。可是，天下却在北洋势力手里，所谓的"民国"，除了剪掉脑袋后边的辫子，根本没有老百姓什么事儿。

军阀割据依然在这片土地上轮番上演。前几年，袁世凯复辟帝制，当了83天皇帝后暴毙，孙中山在南方成立的革命党对段祺瑞、黎元洪等军阀，展开了激烈的斗争。

就在王瑞俊往东眺望的百里之外，齐长城的最东边，是被德国人占领的青岛。

而西边的济南府，在群山阻隔之外。他的老师王新甫，就在济南法政学堂读过书。

王瑞俊高小毕业的时候，附近村里很多人被欧洲人招去当华工，王瑞俊想跟着别人一起去青岛，从那里登船出海赚钱养家，但被老师王新甫和母亲拦下了。

往东去往富庶繁华的青岛，要经过小山下的官道。当地人追求富贵外出谋生，都是沿着这条官道，一路向东。

"路在哪里呢？"王瑞俊自言自语，也问自己的内心。

可王瑞俊的心里，此刻并没有路。

谁能指点迷津？王瑞俊能想到的人，只有王新甫。

3. 苏武牧羊

　　奔下山来，王瑞俊沿着村北的官道一路向东，步行12里路来到诸城县的枳沟镇高小，直接闯进了王新甫家里："布谷鸟叫得人心烦，我这心里太憋闷了。"

　　王新甫几年前从济南法政学堂毕业后回乡教书，是王瑞俊所知道的最见过世面的人，是他最初的精神明灯。

　　王瑞俊家里穷，读不起书。1905年王瑞俊7岁的时候，本村一家地主请私塾先生教孩子读书，母亲托人让王瑞俊去当伴读，一年后那孩子不幸夭亡。私塾先生见伴读的这个叫仓囤的孩子耳大面方、天庭饱满，书也读得好，按照辈分给他起了个大名叫瑞俊，听说他出生时满屋子红光，又给他取了个字叫灼斋。

　　后来，村里另一家地主又请私塾先生教孩子读书，母亲又眼泪汪汪地托人让王瑞俊去陪读。没过半年，这孩子又突发疾病暴毙。两次当伴读，两个孩子都突然夭亡，村里人议论说：

"小灼斋命硬妨主，把主子克死了，这孩子是个霹雳火命，命不好啊。"

本来，灼斋是照亮自己家房子的阳光，却变成了一团霹雳邪火，还跟命运挂上了钩。

听到别人议论，王瑞俊问母亲："命不好，咱能换一换吗？"

母亲叹口气说："人的命，天注定，换不了！"

王瑞俊紧咬牙关说："一定能换！一定能换！"

怎么换命，王瑞俊并不知道，但他知道读书的人大多命都不错，所以他想尽一切办法去读书。两次伴读之后，王瑞俊再也没有机会读书，直到1910年大北杏村办起了村塾，穷人的孩子也有了读书的机会。王瑞俊在村塾里读了三年书后，1913年升入枳沟镇高小，受业于王新甫先生。王新甫见他年龄偏大，让王瑞俊当了班里的大学长。

农村高小里的大学长，就是配合老师主持学习事务的学生，一般都由年长和有德行的学生担任，类似于今天学校里的班长。

王瑞俊学业好，书法也俊逸疏朗，并以才思敏捷、擅写文章闻名乡里。在由晚清进士庄陔兰编修、出版于1936年的《重修莒志》中，记载王瑞俊事迹的原话是：家贫苦学，砥砺学行，殚心国事。

王瑞俊高小毕业后，1915年8月遵从父母之命媒妁之言，娶了莒县庙后村的李氏为妻，自此回乡务农。

高小毕业三年了，又娶了媳妇，按说应该安分守己地养家糊口了。虽然身处贫困之中，但王瑞俊却依然觉得心里有团火无处释放，让他烦躁不安，这团火是什么，王瑞俊不知道。

自从1915年离开学校，每逢农历初一、初六枳沟大集的时候，趁着赶集上店的机会，王瑞俊总是跑来找他的老师王新甫。他之所以三番五次来找王新甫，一是有什么憋闷的事儿跟老师念叨念叨；二是从王新甫那里能够听到一些外界的消息。比如中国同盟会、中华革命党，比如武昌首义、二次革命。他甚至还在王新甫那里见过济南传来的《晨钟报》，还有更远的地方传来的《警世钟》《天演论》。

是那些外来的消息，让自己热血沸腾躁动不安吗？还是窝在小村里可以预见的悲苦命运？王瑞俊没有答案。

王新甫老师见王瑞俊又心急火燎地赶来，从墙上摘下一把胡琴说："我给你唱支新歌，解解闷吧。"

说完，王新甫一边拉着胡琴，一边随着婉转低回的曲调唱了起来：

苏武留胡节不辱。

雪地又冰天，穷愁十九年。

渴饮雪，饥吞毡，牧羊北海边。

心存汉社稷，旄落犹未还。

历尽难中难，心如铁石坚。

夜坐塞上时听笳声，入耳痛心酸。

转眼北风吹，雁群汉关飞。

白发娘，望儿归，红妆守空帏。

三更同入梦，两地谁梦谁？

任海枯石烂，大节不稍亏。

终教匈奴心惊胆碎，拱服汉德威。

王瑞俊听王新甫唱完之后，接过胡琴，按照记忆又拉了一遍，几乎和王新甫刚拉过的旋律完全重合。王瑞俊的这些技艺，都是他在乡村的戏班子里跟民间艺人学的。他对音乐有着天生的敏感，他跟着王新甫学会了吹笛子，又在当地的戏班子里学会了吹唢呐、弹三弦、拉胡琴，甚至胶东盛行的吕剧、茂腔戏到村里演出，他都能跟着伴奏。

一曲奏完，王瑞俊说："苏武在雪地冰天里孤独地苦挨了19载，铸成了中华民族传颂世代的操守丰碑，成为我们中国人的精神脊梁。这曲子古意盎然，我从其中听出了人世间最隐忍的沧桑和最执着的守候。老师为什么给我唱苏武牧羊的歌？"

王新甫说："这首《苏武牧羊》是刚从东北那边传过来的，咱们这边很多学堂都在教学生传唱。听说是闯关东的人把这首歌带回来，几经传抄便不胫而走。现在这首歌上自官宦学者，下至凡夫俗子，甚至农夫小贩、和尚道士，各阶层人全爱唱，可谓雅俗共赏、深入人心。"

王瑞俊不解："可我听了，心里更加烦躁、更加压抑，为什么呢？"

王新甫说："又遇到什么烦心事儿了？面对困难和问题时，

急躁焦虑没用。想要成就大事儿，首先要把心沉下来，找准方向再坚定前行。"

"我现在就是找不到方向啊，前两年英国招人去欧洲打劳工，一个月十几个大洋呢，你不让去，俺娘也不让去。现在哪里都去不了，我总不能一辈子窝在这山沟里吧?"王瑞俊嘟囔着。

王新甫从抽屉里拿出一封信说："你来得正巧，我刚收到老师王乐平先生来信，政府要振兴教育，济南那边有官费学校可以报考，有个山东省立第一师范学校，管吃管住还不用交学费，赶上好时候还能发身衣服，都是官家出钱。你去济南读书吧。"

王瑞俊面露难色："好是好，可我们家三代单传，现在家里老少三辈三个女人，就我一个男人，本来日子就过得紧巴，我这一走，她们三人可怎么办啊? 三年前，我想去欧洲当劳工挣钱养家，不是也没去成吗? 听说那些去欧洲的人，都往家寄钱买房子置地了。"

王新甫掰着指头说："修身齐家治国平天下，这是古人给我们读书人订立的规范。去济南读师范和去欧洲打劳工，这是两码事。为了赚钱到外国卖命，那是拿命换富贵，卖的是力气，富的是自己。去济南读书回来可以教书，我们这边的乡村贫苦、风气闭塞，要在这穷乡僻壤改变风气，就要靠我们这些读书人，给父老乡亲心里点亮一盏盏明灯。家国有难，唯有教育是救国良策啊!"

王瑞俊有些不解地说："天下兴亡，匹夫有责，这道理我懂。可在这乱世之中苟全性命，我活得憋屈。"

王新甫说："这就是你心中的症结所在，民智未开，国运不张。要想让我们自己和这个国家好起来，教育才是根本啊！再说，你去上学家里少了一张吃饭的嘴，但你为自己找到一条出路，也为我们这一方水土的百姓蹚开一条出路！你知道我们诸城这边为什么人杰地灵人才辈出吗？就是因为重视教育！"

　　王瑞俊说："这个我知道，大文豪苏轼在我们这里当太守的时候，他弟弟苏辙就称赞过诸城，至今东鲁遗风在，十万人家尽读书！耕读传家是咱们兴家立业的根本，读书耕田才是正路，我这就回去跟俺娘商量一下，去济南读书。"

　　王新甫拉住王瑞俊说："信我早给你写好了，去济南以后，遇到难事你可以去找我的老师王乐平，他是咱们南边西楼子村的。王乐平早年跟着丁惟汾加入同盟会，后来丁惟汾到山东法政学堂当校长，他就到了山东法政学堂当老师，我在济南就是跟着他读书的。"

　　王瑞俊一听大喜："王乐平我知道，俺奶奶跟王乐平的娘是好姊妹，跟我家沾亲带故，是我远房的一个亲戚呢，怎么论辈分我倒是不大清楚。我记住了，上济南后，我就去找他。"

4. 问苍茫

这是金色春阳下青草漫溢的潍河小平原，身材高挑的乡村青年王瑞俊手持一杆放牛的鞭子，静静立在那儿。阳光打在他宽阔的额头上，打在他面颊间静静流泻的泪水里。他泪眼里映着白云之下、青草平原上的一道河川，静静东流。

平原上耕牛们在低头吃草，乡村青年的目光遥望远方，娘无声地俯身在河滩上打着猪草。潍河潺潺流淌，河畔是他的村庄，村庄里有他的祖母和已经身怀六甲的妻子。

远处村庄里，石碾咿呀，阳光一地。

"潍河的那头是什么？娘，我总听到很远很远的地方有一个声音，一遍又一遍地唤我。"乡村青年王瑞俊望着母亲，怔怔地说。

"听说潍河的那头是县城，是青岛，有好多好多的人过着天堂一样的好日子。"母亲说。

王瑞俊忍不住，对低头打猪草的母亲说："娘，我要去济南读书。"

手持镰刀站在潍河川上的母亲，眼里顿时有亮亮泪水流转："儿呀，咱们一家四口，我和你奶奶两个寡妇，还有你怀了孩子的媳妇儿，有你在家里顶着这间破屋，咱们就能过上热馍热炕的日子，你要是甩手走了，你让俺三个娘们儿咋过啊？"

王瑞俊咬紧嘴唇："我要去济南读书！"

母亲撩起大襟褂子的一角，擦了擦眼角的泪水说："你到枳沟镇上读了这几年书，都读到18岁了，不还是回来种地啊？咱们村上那些在外面闯荡的人，还有那些到外国打劳工的人，尸骨都扔在外边了，他们哪个不想回到老家？死了谁不想埋在咱这潍河川上？"

"布谷！布谷！布谷……"

布谷鸟单调的叫声，在空阔无边的潍河川上，又一次久久回荡。

母亲手握镰刀立在河滩上，看着河川高处身材高大的儿子。春天的阳光打在儿子铁塔般的背影上，仿佛给儿子身上镀了一层红光。

凉凉的春风吹来，吹乱了母亲的头发。在王瑞俊眼里，母亲像河滩上漫长的青草，柔顺地伏在大地之上。

王瑞俊眼里就有凉凉的液汁流下来，他的哀求里带着哭音："我要去济南读书。"

"唉！那你去吧。"年轻的母亲长叹一声。

几天之后，又是一个布谷鸟叫的清晨，大北杏村往东通往诸城、高密的官道上，母亲把东拼西凑借来的一块银圆塞进王瑞俊手里："儿啊，去吧，去奔前程吧，不求富贵，但求一路平安。"

母亲把一个蓝印花布包裹系在儿子肩上，拍了拍儿子的胳膊，撩起大襟褂子擦擦眼角，然后久久站在村口，手搭凉棚，含泪遥望儿子一步一步朝着东方走去。

阳光刺眼，把儿子的背影镀上了一身金光！

母亲眼里的泪水，把心都淹没了。

王瑞俊大步远去，身后留下从未有过的爽朗铿锵的吟哦：

> 沉浮谁主问苍茫，
> 古往今来一战场。
> 潍水泥沙挟入海，
> 铮铮乔有看沧桑。

母亲听不懂儿子的诗歌，她甚至不知道，儿子这首诗里的"乔有"，是什么意思。

王瑞俊没有告诉任何人，也包括自己的母亲，这个"乔有"就是村前那座不足百米的南岭，王瑞俊给这座无名小山起了个名字：乔有山。

谁说山难改，性难移？

命能换，山可移！心怀改天换地之志的王瑞俊坚信，这座村前的小山，终究会"乔迁"为他这样的穷人所有。

在离开生他养他的大北杏村之前，王瑞俊的这种豪情壮志，只能写进他的诗歌里，却不能对村里的其他人提及。因为在穷乡僻壤的潍河川上，除了给他启蒙的恩师王新甫，没有人能够成为他的知音。

在背向家乡的官道上，他终于大声地把这首《沉浮谁主问苍茫》，高声喊了出来。

当时的王瑞俊当然不知道，与他同时代的湖南学生毛泽东离家求学的时候，写过"孩儿立志出乡关，学不成名誓不还"；江苏学生周恩来也写下"大江歌罢掉头东，邃密群科济世穷"。

5. 胶济铁路

沿着大北杏村去往青岛方向的官道，王瑞俊一路上穿镇过县，过了枳沟镇是诸城县城，过了诸城，离大北杏百里的县城是高密。

高密是胶济铁路上的一个重要站点，王瑞俊在这个离家乡最近的站点，登上了去往省府济南的火车。

头一回坐火车，就横穿了大半个山东。

胶济铁路东起青岛，西到济南，始建于1899年，到1904年建成通车，连接济南、青岛两大城市，穿过淄博、潍坊等山东半岛主要城市，是横贯山东的运输大动脉。

但在王瑞俊看来，胶济铁路是德国人在中国土地上强行建造的一条插在山东身上的吸血管。因为在此之前王新甫告诉过王瑞俊，德国人修这条铁路起源于"巨野教案"。

所谓巨野教案，本来是20年前一桩替死鬼的乌龙事件。

德国神甫能方济和韩·理迦略分别在山东阳谷和郓城一带

传教，1897年11月1日夜，两个神甫去兖州天主教堂参加诸圣瞻礼，路过巨野县，夜宿麒麟镇磨盘张庄教堂。张庄教堂的中国神甫薛田资很热情，把两人安排在自己的卧室居住。没想到的是，薛田资的仇家是当地大刀会的人，前来寻仇的巨野大刀会和当地村民误杀了两位德国神甫。薛田资见这两位神甫成了替死鬼，仓皇逃往济宁，为了逃脱干系洗脱嫌疑，他连忙电告德国驻华大使并转德国政府，说是大刀会的人杀了两位德国神甫。

谁也没想到，此事能引发两国交兵。

1897年11月13日，巨野教案发生后的第十二天，德国军舰开往山东，强行占领胶州湾。清政府惩办了从山东巡抚李秉衡到巨野知县许廷瑞等近十名地方官，但这远远不够，德国迫使清政府签订了丧权辱国的中德《胶澳租借条约》，又赔银20万两，并在巨野、济宁、曹州等地建造教堂及传教士防护住所。从此，山东成了德国的势力范围。

德国人占了山东，日本人只恨没早抓住机会。当时日本《外交时报》称：华政府于山东一举一动，皆受德人指使，似满洲之实权归俄人掌握，彼山东之实权，亦将归诸德人矣。

巨野教案只是一个导火索，在列强环伺的时代，德国人眼里的山东，就是迟早要送到他们嘴上的一块肥肉。

德国人占领山东后修建了胶济铁路，见识过外面世界的王新甫告诉王瑞俊其中内情："不管发不发生巨野教案，德国人都会占领我们的胶州湾，都要修筑这条殖民铁路。在巨野教案发生前许多年，德国人早已经谋划好了侵略中国。德国的铁路筑到哪里，德国就对中国领土占领到哪里。他们修铁路的真正目的，是掠夺山东的煤炭资源。可号称天朝上国的大清政府，面对外来侵略者的欺凌和耻辱，却一味忍让，这才有了孙中山发起的同盟会。可当革命军联手袁世凯推翻清政府后，接下来的却是连年军阀混战，自己人打自己人，谁也没动心思赶走德国人！"

但山东人也不是好惹的，因为沿线民众顽强抗争，使急于修通胶济线以实现扩张野心的德国侵略者吃足了苦头。胶县、高密、潍县等当地沿线百姓，因为失去了赖以生存的土地，纷纷揭竿而起沿路抗争，让胶济线的筑路工程整整一年处于停顿状态。直到德国军队开进了高密城，当地义和团被扑灭之后，筑路工程才得以继续下去。

德国人在修筑胶济线的同时，还于1900年兴建了胶济铁路四方机厂，是继唐山、大连之后第三家在中国建成的机车车辆工厂。

仅仅十年间，德国人通过修建的淄川、博山支线，就在山东掠夺煤炭数百万吨，有力支援德国在欧洲打起了第一次世界大战。

但王瑞俊来到高密火车站之后，并没有看到王新甫所说的德国人，而是跟中国人长相差不多的日本人。第一次出远门的王瑞俊听旅客说完才搞清楚，1914年第一次世界大战爆发后，日本趁着德国在欧洲打仗腾不出手，先后攻占了青岛、济南等地，趁机取代德国霸占了胶济铁路。

就像轮番洗劫村庄的土匪，德国、日本在山东抢地盘、夺财物，中国人只能干瞪眼。

火车咣当咣当地一路向西。从高密出发两个多小时后，火车在坊子站台停了下来。趁着停车的几分钟间隙，王瑞俊下车来到站台上。只看见一群年轻的农民，在一个外国人的指挥下，蜂拥挤在站台上。

王瑞俊见一个年轻小伙子正东张西望着，似乎是在等什么人。王瑞俊好奇地问："这位大哥贵姓？去济南啊？你是坊子本地的吧？等人啊？"

"大哥，俺是昌乐县的，俺叫杨俊起，不是去济南，是从这里去青岛上船呢。俺等俺同村的兄弟，俺俩约好一起跑出来去英国打劳工的。"自称杨俊起的青年男子说。

"去英国干啥啊？"王瑞俊虽然上学的时候听说过英国，但眼前的同龄人突然说要去英国，他还是觉得新鲜，忍不住多问几句，"是欧洲还招劳工吗？不是几年前就招吗？"

"以前招的人手不够啊，现在法国人、英国人都来这边招人。说是去挖煤啊修铁路什么的，人家说吃饭管饱，还给大洋！签了文书摁了手印的！"憨直的杨俊起说。

"不是说英国、法国正跟德国开战吗？你们去修什么铁路？他们德国在咱们中国修的这条铁路，都被日本人抢走了。"初次出门的王瑞俊，很快了解了一些时事。

"管他呢，人家开人家的战，咱干咱的活儿，吃咱的饭挣咱的钱，俺这边很多人家去打劳工，全家吃饱了肚子。"杨俊起无所谓地说。

王瑞俊动了动嘴，刚想说点什么，开车的汽笛声响了，他只好挥手告别。

王瑞俊当时并不知道，从1915年秋天开始，以9万多山东青壮年为主的劳工分批被招到欧洲，前前后后共有14万中国劳工参与了一战，他们后来有一个共同的名字：一战华工！

6. 百年书院

1918年7月，20岁的王瑞俊跟随着熙熙攘攘的人流，满怀新鲜和兴奋走进山东省立一师北园分校。初到济南的王瑞俊兴奋又懵懂，此时的王瑞俊根本没有想到，他会成为这所学校最著名的学生。

王瑞俊更不会想到，将来他和此时正在湖南省立第一师范学校求学的毛泽东，更有一番风云际会。

就在王瑞俊踏进校门的时候，他注意到，一个中年男子笑容可掬地站在北园分校的大门口。尽管泉城早已蝉鸣悠扬，天气燥热，但中年男子鞠思敏的月白色长衫的搭扣，依然系得一丝不苟。

46岁的山东省立第一师范学校校长鞠思敏，迎来了他的又一批新生。

作为民国时期的山东四大教育家之首，鞠思敏后来被誉为"山东蔡元培"。

作为百年老校，山东一师的源头可追溯到清末时期。经甲午之战，一向被天朝大国所鄙视的日本，通过坚船利炮显示了整体国力优势，不少晚清官僚和有识之士开始主张借鉴日本复兴之路教育兴国。

"欲兴办新式学堂，必先造就新式教师，必先创办师范教育。"山东省立第一师范学校就是在这样的背景下创建的。1902年，也就是清光绪二十八年，清政府颁布《钦定学堂章程》，这个章程又称"壬寅学制"，标志着中国近代师范教育制度正式建立。

山东巡抚周馥拨库银1万两作为开办经费，命山东大学堂附设师范馆，地址位于济南贡院，由此山东省立一师成为全国最早的师范学府之一。在这所学校被称作山东一师之前，还叫过山东大学堂师范馆、山东全省师范学堂、山东优级师范学堂、国立山东高等师范学校等名称。

1903年秋，学校简拔50人赴日本弘文学院学习，成为山东近代历史上最早的一批留学生，其中有多人加入了孙中山创办的同盟会，并被派回山东发展会员。

也就是1903年，山东日照人丁惟汾从保定师范学堂以官费赴日本留学，进入日本明治大学学习法律。1905年丁惟汾参加同盟会，与徐镜心一起被推为山东主盟人，负责对山东省革命同志的通信联络。

也就是说，在王瑞俊进入这所学校之前，山东一师从来不乏革命基因。

山东人革命和反抗的基因，从来没有缺失过。只不过山东人从来都不是揭竿而起的号令者和策动者，而只是追随者和冲锋陷阵者。这种一往无前的仁义和后知后觉的中庸性格，是齐鲁文化基因和儒家文化滋养下特有的山东人的性格。

　　就像湖南长沙的岳麓书院、江西九江的白鹿洞书院一样，山东一师的前身是大名鼎鼎的泺源书院，始建于雍正十一年（1733年），于乾隆六年（1741年）由山东巡抚朱定元倡捐修葺。泺源书院的《训课条规》提出：为学莫先于立志，为学莫要于寡欲，为学当敦实行，为学当秉虚衷，为学当勤讲读，为学当慎交。

　　泺源书院是清代山东规模最大的书院，也是当时全国22所官办书院之一。光绪二十七年（1901年）直隶总督兼山东巡抚袁世凯将泺源书院改为山东高等大学堂，后来逐渐演变成山东省立一师。

　　在泺源书院168年的历史中，书院一直秉承"为国储材"的办学宗旨，徐松、匡源、何绍基、王之翰、曹鸿勋等众多硕学鸿儒，会集于此讲学传道，培养出周永年、王懿荣、王寿彭等著名学者。

　　"海右此亭古，济南名士多"，这副济南大明湖历下亭楹联，取自杜甫的诗句，就是泺源书院主讲何绍基所写。何绍基以书法著称于世，被誉为清代第一。另一位山长匡源主持泺源书院和尚志学院17年，从学弟子3000多人。

　　就读于泺源书院的王懿荣是甲骨文的发现者，但他不仅仅是著名的金石学家，更是耿介忠贞之士，1900年7月八国联军兵临城下，王懿荣被任命为京师团练大臣，抵抗失败后回到家里，带着全家投井自杀。他的醉心学术、他的慷慨赴死，都体现了儒家文化中读书报国、舍生取义的价值取向。

泺源书院的这种文化传统源远流长。从王瑞俊在自己照片后面的题字中可以看出，他的书法方正瘦硬、峻拔雄强，受何绍基影响颇深。

在王瑞俊之后，革命烈士庄龙甲、著名学者季羡林、诗人臧克家等人，都在山东一师奠定了他们事业成功的基础。美国教育家杜威，印度诗人泰戈尔，我国著名学者胡适、梁漱溟，文学家周作人、沈尹默，教育家黄炎培、陶行知等人，都在这里留下了他们的足迹。

7. 诸城王家

　　王瑞俊虽然已经20岁，但他只在家乡读过高小，只能先进入北园分校读一年预科，补上没读过的课程，才能进入一师就读。

　　本来有些忐忑的王瑞俊走进学校安排好的宿舍，却听到正在收拾床铺的同学热情地用熟悉的乡音问候："欢迎新同学!"

　　王瑞俊大喜："你是诸城人?"

　　那位低头收拾床铺的同学略带羞涩，听到乡音也高兴地说："俺是诸城相州的! 俺叫王志坚!"

　　王瑞俊大喜过望："俺叫王瑞俊! 来，认识一下，俺20岁。"

　　身材略矮的王志坚说："俺叫王志坚，19啦。"

　　王瑞俊爽快地说："那真是太巧了，以后咱们互相照应着点儿。你名字叫志坚，怎么看你文绉绉的，不像你名字那么阳刚啊?"

　　王志坚有些腼腆地笑着："俺六大大给我起的名字，也就寄托个美好愿望，瑞俊大哥多多关照。"

当时的王瑞俊并不知道，这位跟自己住同一宿舍又同样爱好文学的诸城老乡王志坚，所说的"六大大"，正是后来自己的亲密战友王翔千。

在诸城人的语境里，"六大大"就是"六叔"的意思。

王翔千在家族中排行老六，子侄众多。这位到了济南的"六大大"，除了把12岁的女儿王辩带到济南女子师范学校读书之外，还把好几个子侄先后带到济南读书。

王瑞俊和王志坚刚入学的时候，王翔千的堂弟王统照刚刚从济南一中毕业离开济南，考入北京中国大学英国文学系，同时兼任学报编辑。也就在这一年，王统照在《妇女杂志》上发表了第一篇白话短篇小说《纪念》。王统照的同乡和同学路友于则去了日本求学。

当然，此时的王瑞俊还不知道，他和王翔千、王志坚这对叔侄，竟有着各自不同的人生轨迹。

而王瑞俊到济南读书，首先拜访的王乐平，与王志坚和王翔千来自同一个家族：诸城相州王氏。

王乐平是诸城在济南的核心人物，1916年10月，诸城旅济学生会成立，王乐平在祝词中，体现了他对青年学生的关怀和深情寄托：峨峨青年，磨砺以须。异日宣劳，实为国柱。兹会学生，举籍吾诸。朝夕攻错，无间寒暑。

在那个风云激荡的时代，臧克家、李又罘等潍河川上的数十名学子，纷纷沿着王瑞俊走过的前路来到济南，在山东省立一师寻找人生道路。后来，他们都成为党政军界和文化界的名流。

关于诸城相州王氏以及臧克家等人，需要简要补充一些背景资料。

诸城当地有五大家族，分别为臧、王、刘、李、丁。其中，诸城臧克家是臧氏家族的主要代表，刘氏家族代表人物是清朝重臣刘统勋和刘墉父子。诸城当地文风盛行、名人辈出。以清朝为例，山东省110个县中，诸城登甲榜中进士的数量名列第一，共97名。丁氏家族中仅明清两朝就有进士51人，曾经出过"一门四进士"，这在全国也是罕见的。丁惟宁、丁耀亢父子更是引领一代文风。

臧克家后来为了纪念他曾经就读的泺源书院，为长子起名为臧泺源。而臧泺源的母亲，也就是臧克家夫人王深汀，来自诸城相州的王氏家族，是王乐平的侄女。

在诸城五大家族中，诸城相州的王氏家族持续了四百余年，代有名流、至今不衰。在王瑞俊后来有交集的人物中，王乐平、王翔千、王振千、王统照、王象午、王志坚、王辩等人，都来自相州王氏，他们都是中国共产党和中国国民党在山东的创办发起人和参与者。

后来，李大钊成为王瑞俊的精神导师和直接领导，而从日本学成归来的路友于，在白色恐怖中成为李大钊的助手。李大钊就义时，他身边的一对青年男女，就是路友于和他的战友。今天，北京万安公墓中的李大钊墓地上，路友于和战友依然陪伴着李大钊。这是后话。

臧克家年轻时的照片，刊登于1933年文学月刊
（诸城名人馆供图）

进入一师校园后，因为学生不用交学费，也不用交书本费和食宿费，而且学校里还发校服，王瑞俊免去了衣食之忧，把全部精力都用在了学习上。

这种学习的机会来之不易，除了学业上名列前茅，多才多艺的王瑞俊还在课余时间参加了绘画、书法、音乐等课外小组。

王瑞俊博览群书，酷爱文史，一笔好字和一手好文章，为他在学校里赢得了很好的声誉。他身材高挑，热情奔放，加上极好的口才和吹拉弹唱的艺术天分，让他很快成为学生中最具号召力的核心人物。

每个人都自有禀赋，有些人天生就具有号召力和感染力，王瑞俊就是这样的学生领袖。

睁开眼睛看到了外边的世界，加上一师的学习长了见识，此时的王瑞俊的想法，已经不是最初的读完书就回老家当乡村教师。在入校后所写的一篇文章中，他非常清楚地写了他的期望：将来能把我四万万同胞的腐败脑筋洗刷净尽，更换上光明纯洁的思想。

改造别人的思想是世间最难的事情，王瑞俊的性格中，恰恰就具备这种号召力和影响力。

就是这种迎难而上的热血而执着的性格，从考入北园分校的山东一师预科开始，王瑞俊在这所学校开始学习生涯的同时，也开启了他呕心沥血狂飙激荡的革命生涯。

8. 潍坊华工

    1919年的春节刚过，从大北杏老家刚赶回济南的王瑞俊，没来得及回学校就匆匆来到王云樵家里，他按照王云樵的要求，从老家给王云樵带了当地有名的特产枳沟烧肉。

    王云樵是王瑞俊同村的本家，早年来到济南闯荡，此时的王云樵不但是省城赫赫有名的大律师，还是济南律师公会的副会长，在济南的政法界也是领袖群伦的人物。王瑞俊到济南读书后，王云樵见同村出来一个大有前途的青年才俊，就多方接济帮助王瑞俊，使家庭贫困的王瑞俊在济南能够安心学习。

    后来王瑞俊成为职业革命家，很多人不免会有疑问，王瑞俊家庭贫困，连吃喝费用都拿不出来，他在济南靠什么生活？实际上，最初王瑞俊靠学校的免费读书、勤工俭学勉强支撑，成为职业革命家后，有些费用是靠王乐平、王云樵等诸城同乡多方接济。

    即便如此，王瑞俊也并非衣食无忧，在同时代的革命者中，王瑞俊是最贫困的那一个。但他却在饥一顿饱一顿的日子里，依然坚守着自己的理想。

枳沟烧肉是方圆百里的当地名吃，就是再穷的人家，过年也要割点烧肉祭祖，就像穷人过年也要吃顿饺子一样，当地人对枳沟烧肉的热爱是渗透到骨子里的。

枳沟烧肉的做法与众不同，鲜肉用加了几十味调料的老汤煮熟之后，再趁热放进铁锅的箅子上，用红糖小米或者麦麸加热熏制，那带着肉香和焦糖香味的烧肉味道是独一无二的。春节前王瑞俊要回老家的时候，王云樵硬塞给王瑞俊几块大洋后特别叮嘱："什么也不用带，就给我带块烧肉回来。"

王瑞俊本以为王云樵见到烧肉后会立即大快朵颐，但没想到王云樵把烧肉放到一边，拉着王瑞俊说："老弟，出大事了。"

王瑞俊不解："什么大事儿啊？"

王云樵挠头说："这两天，我接待了好几个胶济线上高密、昌乐、寿光、青州几个地方的老乡，也有个别诸城人，他们都是前几年分批到欧洲打劳工的。这些去欧洲的劳工有的回来了，有的死在了国外，连把骨灰都没带回来，还有的缺胳膊短腿。春节一过，他们就从乡下来省城找我，问我能不能打官司讨个公道。他们觉着，咱们的劳工帮着欧洲打仗，现在欧战结束了，咱们人死了、残了，英国人、法国人总得赔偿吧？"

王瑞俊对法律知识一知半解，但既然王云樵都怵头，一定是难以办到的事情，他连忙问："这官司怎么打啊？咱是到外国告人家啊，还是到咱们济南的民国政府还是督军衙门告状？我可听说衙门都是朝南开，有理无钱莫进来。"

王云樵也忧心忡忡地说："按说当年往国外派劳工，是袁世凯窃国时候定的事儿，可袁世凯都死了。现在的民国政府和督军衙门，今天皖系，明天直系，这几年都换了好几茬。新官不理旧事，这些穷苦老百姓找谁告状去啊？到国外打官司？英国、法国咱也没去过，再说这些国家在哪儿咱都不知道呢，来回一趟都得半年，咱去外国两眼一抹黑啊。"

王瑞俊说："但这件事儿，都是咱乡里乡亲的事儿，不能不管，我来上学的时候还碰到过去欧洲的劳工呢，也不知道能不能回得来。"

王云樵说："春节前后这一段时间，从欧洲那边回来的人可不少。据我估计，去欧洲的劳工光咱们潍坊那边就得两三万人，死在外边的起码也得两三千。要是这么一算，山东劳工起码也得十万八万，死的人也要上万。上万个像你这样的年轻人，把命扔在国外了，这可是一件天大的事啊。"

王瑞俊一拍脑袋说："有了，我想起一个人来，诸城西楼子村的王乐平，他是法政学堂毕业的，又是省议员，他娘跟俺奶奶是好姐妹，咱们带上人去找他去。"

"好！咱俩这就走！"王云樵拉着王瑞俊连忙出门，在附近的小旅馆里找到来求王云樵打官司的昌乐青年杨俊起。三人打了两辆黄包车，直奔王乐平的住所而去。

在大明湖畔王乐平的住处，王乐平正与一个身材矮小的30多岁的男子聊天。见王云樵和王瑞俊到来，王乐平站起来指着那位矮小的男子说："来，我给你们介绍一下，这位是诸城相州的王翔千，在山东法政专科学校当学监。"

王瑞俊顾不上寒暄，急匆匆介绍了杨俊起的情况。通过杨俊起的讲述，在场的所有人搞清楚了山东劳工的来龙去脉。

第一次世界大战开始后，英法两国军队战事吃紧，后勤补给人员严重短缺。当时袁世凯政府的代表人梁士诒认为英法等协约国必胜，中国应该参与到国际事务中，一是胜利后可收复德国侵占的山东，二是战后中国可以具有国际话语权，因而梁士诒提出外派30万名武装华工，"以工代兵"参与一战。

英国人一眼就看透了梁士诒的那点小心思，当即拒绝。但这个想法正中法国人下怀，双方一拍即合从中国雇佣华工。英国人一看眼红了，干脆避开中国官方自行在山东招募华工。

袁世凯死后，接班的黎元洪政府对此睁一只眼闭一只眼。

杨俊起拿出了一张英国人在昌乐散布的招工布告递给了王乐平，上面开列了很多优厚条件：每人月领工资12元，另有家属养家费每月10元，华工动身出发前每名工人给安家费20元。

杨俊起解释说："这个元，说的是袁大头。一个袁大头能买上百斤小麦，一百多斤玉米。前几年俺们昌乐连年水旱虫灾，饿死和穷到自杀的数不过来，甚至一个馒头都能换一个媳妇。讨袁护国那年，大军进了昌乐城，几千人的队伍住在县城就不走了，他们的吃穿用度都要逼着我们老百姓出啊。"

王瑞俊感同身受地说："挨饿的滋味我受过，贫苦百姓没别的活路，饿急眼了，就得拿命换啊，起码不能让一家老小都饿

王翔千（右二）与家人合影（王肖辛供图）

死，我还差点跟着他们去欧洲打劳工呢。"

王云樵接茬说："这个情况我知道，当时，山东督军兼省长张怀芝签署密电，禁止英法两国在山东招募华工。但这份密电传到各地的县长那里用处不大，胶济铁路沿线的老百姓前赴后继地从青岛、威海出港，远涉重洋到达欧洲战场组成了一战华工军团。"

王瑞俊听完忍不住插嘴说："德国人用胶济铁路掠夺我们的煤炭，英国人、法国人用这条铁路掠夺我们的劳工，现在日本人又占领了胶济铁路，这些强盗凭什么一拨接着一拨欺负咱们山东啊！"

王翔千听完后站起来说："19岁那年，我从北京的齐鲁中学考入清廷创办的译学馆学习德文。1911年毕业的时候，高密的一个亲戚介绍我到德国人管辖的胶济铁路局工作。被我坚决拒绝了，我是中国人，不能当洋奴给欺负咱们的德国人出力。因为这个事儿，老家人给我起了个外号叫六嘲巴，给我弟弟王振千起名八异端，他们认为我们哥俩弱智狂放、言行异端。现在，我弟弟在青州的山东省立十中当老师，干脆自己起名叫王异端。我可不敢叫王嘲巴。"

嘲巴，在诸城的俗语中是傻子的意思。但大多数老百姓却搞不清"异端"是什么意思。

听到这里，大家都忍不住笑了起来。王瑞俊忍不住仔细打量着这位比自己年长10岁的诸城同乡，虽然个子不高，但眼睛却炯炯有神，睿智而机警。

此时，王瑞俊并不知道自己同宿舍的同学王志坚，是王翔千的侄子。

王乐平拍拍王瑞俊的肩膀说："年轻人，看事情要多几个角度，中国劳工在欧洲前线承担着最艰苦、最繁重的战勤任务。他们用血泪、屈辱和生命，为中国赢得了战胜国地位，这点他们功不可没。"

王云樵说："英法两国之所以选择山东招工，一是英国租借了威海卫方便出海，还组建了一支1300多人的雇佣军，这些兵以山东人为主，他们守纪律、听指挥而且吃饭不挑食、管饱就行。二是外国人看重的是山东人身体壮、能吃苦、不怕死。"

杨俊起嘟囔着说："谁不怕死啊，要是有口吃的，谁还出去卖命啊？"

杨俊起告诉在场的人，尽管当年出门打劳工之前，家里人哭作一团，他还是牙一咬心一横，与同村的小伙伴以早晨下地干活的名义，扛着锄头天不亮就出了村，把锄头往雇主的地头上一扔，两人跑到坊子火车站，登上了开往青岛的火车。等家里人在地头上找到锄头，杨俊起他们已经登上了去欧洲的轮船。

第一次世界大战的硝烟中，华工挖战壕、筑工事，运粮草、送弹药，清战场、埋尸体，开矿山、伐森林，制武器、造军火，他们在最危险的环境中，干着最繁重的体力活。在战火纷飞的法国战场的8万多山东华工，后来有据可查的有2000多人死于一战期间。其中，有名有姓的潍坊籍人员514人。据有关专家分析，死在欧洲战场和来回路上的华工当在2万左右。照此推算，潍坊籍华工捐躯者多达数千名。

据后来的资料，潍坊安丘人孙业德等7人在法国北部城市敦刻尔克遭遇德军飞机空袭遇难，孙业德的编号是20520。

三天后，诸城人张洪魁、昌乐人曹喜周，在敦刻尔克附近的城市加来遭空袭遇难。有据可查的是，一月之内在敦刻尔克和加来等地，在空袭中死亡并且有名有姓的华工就有29名。

1918年11月11日一战结束，幸存的华工有的登上回国的轮船，还有约3000人从此定居法国，并在巴黎、里昂车站附近形成最早的华人社团。山东潍坊华工徐明亭在法国巴黎开了一个茶馆，后来曾多次为旅法共产主义小组的周恩来、邓小平等人提供聚会和活动场所。

一战华工出色的表现赢得了英、法有关人士的高度赞扬。协约国联军总司令、法国元帅福熙称赞华工"是第一流的工人，也是出色士兵的材料。他们在现代炮火下，可以忍受任何艰难，保质保量地完成各种任务"。

伦敦《泰晤士报》则称：现代战争是一种现代工业，华工是这种新战争的一支新部队，他们的武器是铁镐、撬棒、铲锹及推车。

一战华工用生命为中国人赢得了声誉，却没有为国家赢得利益。一百年前内忧外患的中国，只是被列强撕咬得奄奄一息的猎物，哪里还有个国家的样子！

9. 谁的胜利

板荡识诚臣，国难出英豪！

听完杨俊起讲完一战华工的事情，王乐平愤愤地对王云樵和王瑞俊说："中国加入协约国，对德国宣战是1917年8月14日。在这场世界大战中，我们的劳工付出了生命和鲜血。现在看来，既然我们成了战胜国，劳工个人的赔偿事小，国家的赔偿事大。我们首先要呼吁民国政府，拿回日本侵占我们的山东权益，拿回青岛！主权至上，寸土必争！我们不能做一群坐以待毙的卖国贼！"

事关国事，那就不是一家一人的得失，前来求计的王瑞俊、王云樵和王翔千等人，被王乐平一番热血沸腾的宏论惊呆了，他们的爱国热情也被瞬间点燃了。

王乐平看看四人说："青岛是我们山东的青岛，胶济铁路是我们山东人的铁路，我们不争谁争？国家不幸、军阀混战，风云际会的年代里，才有层出不穷的各路英雄，我们必须像啼血的杜鹃，像填海的精卫，即便一茬茬被暴风骤雨吞没，也一茬茬前赴后继，去拯救我们的国家，拯救我们的山东。我们中国人讲究家国一体，国事为大，为劳工打官司争权益只能放到后边去了。我立即去找王鸿一副议长，立即组织山东外交商榷会，商榷救国事宜。王大律师从法律的层面，继续以法律的方式，无论是找英法使馆还是找民国政府，一定要为我们的劳工寻求赔偿。"

在这个瞬间，王乐平像他的学生王新甫一样，也成为王瑞俊人生道路上的一盏明灯。

比王瑞俊年长14岁的王乐平，不但是王瑞俊的诸城同乡、亲戚、一师学长，更是山东引领风骚的风云人物。出生于1884年的王乐平1906年考入山东高等学堂，1907年加入中国同盟会，被学校以革命嫌疑开除学籍，从此走上革命道路。

辛亥革命爆发后，王乐平跟随同盟会元老丁惟汾组织山东各界联合会，在登州、黄县、青州和诸城各地，以革命军司令的名义在各地组织起义。二次革命失败后，王乐平又参加护国战争，成为国会参议员。1917年6月张勋复辟，国会解散后王乐平回到济南，1918年当选为山东省议会秘书长。

1919年的泉城，巴黎和会伴随着惊蛰的春雷，就要在这个春天里炸响！

百年虽然不远，但已经足够陌生。对今天的读者而言，在讲述王乐平和王瑞俊这些走上历史前台的人物之前，还要展示一下第一次世界大战的历史背景和来龙去脉。

20世纪20年代初期，欧洲资本主义国家开始转向帝国主义，围绕着争夺世界霸权和殖民地展开了激烈斗争。欧洲列强之间的矛盾纷繁复杂，但基本矛盾有三对：法德矛盾、俄奥矛盾和英德矛盾。

1882年，德、奥、意三国签署了同盟条约，同盟国形成，德国成为三国同盟的核心。

为了对付三国同盟，1892年法国和俄罗斯帝国达成了军事协议，随后英国也加入进来，协约国因此建立。

最终，资本主义国家形成协约国和同盟国这两大欧洲军事集团。

1914年6月28日，奥匈帝国皇储费迪南大公夫妇在萨拉热窝被塞尔维亚青年枪杀，成为第一次世界大战的导火线。一个月后，奥匈帝国在德国的支持下，以萨拉热窝事件为借口，向塞尔维亚宣战。接着德、俄、法、英等国相继投入战争，第一次世界大战爆发。

交战的一方为同盟国的德意志帝国和奥匈帝国，以及支持它们的奥斯曼帝国、保加利亚。另一方为协约国的英国、法国和俄罗斯帝国，以及支持它们的塞尔维亚、比利时、意大利、日本等国。1917年8月14日，北洋政府正式对德国宣战，并先后出动14万多华工到欧洲参战。

日本在1914年对德国宣战的同时，迅速占领了德国在山东的势力范围。

1918年11月11日，德国宣布投降，一战结束。战后国际秩序重建的标志，是1919年1月18日在巴黎凡尔赛宫召开的战后协约会议，也就是我们通常说的巴黎和会。

27个战胜国的代表有1000人参加了巴黎和会，这个巴黎和会吵吵嚷嚷、盛况空前。但俄国经历了十月革命的政权变更，没有受到邀请，德国等战败国也被拒之门外。

华工在一战中为协约国胜利做出了不可磨灭的功勋，以至蔡元培在天安门前举行的讲演大会上喊出了"劳工神圣"的口号。

李大钊也在《新青年》五卷五号发表的《庶民的胜利》一文中称："一战的胜利是庶民的胜利、劳工主义的胜利。"《庶民的胜利》一文，后来成为中国最早的马列主义文献。这篇文章和同样出自李大钊的《布尔什维主义的胜利》，标志着中国第一个马克思主义者李大钊系统传播马克思主义的开始。

很多中国人当时天真地以为，一战华工用血泪、屈辱和生命，为中国争来了国际地位。但在1919年1月召开的巴黎和会上，英国外相巴尔福突然变脸说："中国对战争毫无贡献，未花一先令，未死一个人。"

中国代表顾维钧厉声反驳："14万多华工在欧洲战场浴血奋战，有谁敢否认他们的贡献和作用？"

14万多华工的汗水、血泪和生命，为中国作为参战国在巴黎和会上赢得了发言的机会。但是，中国的声音太微弱了，以至于根本就没有人会在意中国的利益。

中国要的，只不过是从战败国的德国手里，要回自己的山东。

關於歐戰的演說三篇

庶民的勝利

李大釗

我們這幾天慶祝戰勝,實在是熱鬧的狠。可是戰勝的究竟是那一個?我們慶祝,究竟是為那個慶祝我

老老實實講一句話,這回戰勝的,不是聯合國的武力,是世界人類的新精神,不是那一國的軍閥或資

本家的政府,是全世界的庶民。我們慶祝,不是為那一國或那一國的一部分人慶祝,是為全世界的庶

民慶祝。不是為打敗德國人慶祝,是為打敗世界的軍國主義慶祝。

這回大戰,有兩個結果,一個是政治的,一個是社會的。

政治的結果,是「大……主義」失敗,民主主義戰勝。我們記得這回戰爭的起因,全在「大……主義」的

衝突。當時我們所聽見的,有什麼「大日耳曼主義」啊,「大斯拉夫主義」啊,「大塞爾維主義」啊,

「大……主義」啊。我們東方,也有「大亞細亞主義」「大日本主義」等等名詞出現。我們中國也有

「大北方主義」「大西南主義」的範圍以內又都有

「大……主義」「大西南主義」等等名詞出現。這樣推演下去,人之欲大,誰不如我?於是兩大的中間有了衝突。於是

一大與衆小的中間有了衝突,所以境內境外戰爭迭起,連年不休。

「大……主義」就是專制的隱語就是使著自己的強力蹂躪他人欺壓他人的主義,有了這種主義,

人類社會就不安寗了。大……為抵抗這種強暴勢力的橫行,乃算著互助的精神,提倡一種平等自由的

李大钊在《新青年》杂志上发表的《庶民的胜利》(王尽美纪念馆供图)

但是，山东华工回国之后从青岛坐火车回老家，看到的现实是，胶济线从一个强盗手中，落入另一个强盗手中。

　　这是谁的胜利？是中国的胜利，还是强盗的胜利？

10. 南北政府

　　青岛是山东人的痛，胶济铁路是山东人的神经，谁触动了这根神经，就会引发山东人的连锁反应。巴黎和会这场分赃的会议，从一开始就点燃了山东人的怒火。王乐平和王瑞俊他们被卷进历史洪流中，并冲在了历史的潮头前面。

　　在得知巴黎和会已经召开的消息后，王乐平对王瑞俊和王翔千说："我们必须立即把社会各界组织起来开展救国运动，揭露日本侵略者的罪行，要求收回青岛，收回山东。"

　　王瑞俊问："那我们学生怎么办？"

　　王乐平的回答简单直接："呼吁！请愿！还我河山！"

　　热血沸腾的王瑞俊说："好，我这就回学校联络同学！"

　　一战结束后，济南省立工业专门学校发起组织了"山东学生外交后援会"，这是五四运动前全国第一个学生爱国运动组织，推动了其他各阶层群众大规模反日斗争的开展。

　　与此同时，山东省议会秘书长王乐平等人联络各界成立的山东外交商榷会成立，各个爱国团体公推前省议会副议长孔祥柯和许宗汉为山东代表，立即动身前往巴黎，向中国代表和正在召开的巴黎和会呼吁请愿。

山东是全国唯一向巴黎和会直接派出请愿代表的省份。但他们哪里知道，巴黎和会不是几十个国家几十个人的会议，而是上千人乱哄哄的分赃大会。除了会场外那1000多人的代表，还有70名正式代表在会场上。就是一个人说一句话，这样的会议会开成什么样子？

天知道！

今天看来，中国代表顾维钧等人在巴黎和会上的外交努力，失败是必然的。失败的根源在于，顾维钧他们身后没有一个强大的中国，而是军阀割据下的贫弱国家。

在巴黎和会召开之初，日本不断在会上质疑中国作为战胜国参加会议的资格，企图排斥中国作为战胜国与会。

日本认为应当继承德国权益，理由是自己出兵打下山东与胶济铁路，同时中国政府签订了"二十一条"，所以中国必须承认。

而顾维钧则凭借深厚的国际法知识据理力争，逐条批驳日本的要求。他认为，依据国际法武力胁迫原则，"二十一条"不算数。加上后来中国对德宣战，因此"二十一条"失效。

中国最初没有参加一战，是因为当时掌控政权的是袁世凯政府。袁世凯之所以选择中立也有苦衷，那时候中国到处都有各国租借地，驻扎着各国军队，要是参战把战火引到中国来，几个在欧洲交战的国家，万一在中国地盘上打起来怎么办？

所以，袁世凯政府宣布中立，禁止一战的所有参战国在中国领土和领空有任何交战行为。但袁世凯太天真了，一战开始后，日本趁机进攻德国在中国的租借地胶州湾，中国就此卷入战火。

1917年8月14日，中国政府向德国宣战，但对日本侵占山东却睁一只眼闭一只眼。这是因为在1918年年初，日本向段祺瑞控制下的北京政府提供了大量贷款，但这些贷款中的相当部分被用于维持段氏皖系军阀在北京政府中的控制甚至是内战军费。因此，作为借款的交换条件，北京政府对日本借"一战"之机将山东权益攫为己有的非法行为漠然置之。

中国代表团最初还对巴黎和会抱有很大希望，在提交的议案中提出了7个条件：废除势力范围；撤退外国军队、巡警；裁撤外国邮局及有线无线电报机关；撤销领事裁判权；归还租借地；归还租界；关税自由权。

但日本人质疑中国的战胜国资格没有得逞后，又胁迫英美法同意把德国强占的山东半岛转给日本。随着山东问题交涉步步失利的消息传回国内，山东各界纷纷集会，商讨力争主权的办法。

1919年4月初，山东省教育会、工会、农会、商会等各个机构，联合致电中国代表团，强烈呼吁："此事关系中国存亡，务望力主取消（中日条约）。"

4月13日，王乐平等人主持的山东外交商榷会，分别致电全国各地山东籍军人马金门、王占元、卢永祥、吴佩孚等人，请他们转电议和专使，不要退让。

在民国历史上大名鼎鼎的军阀吴佩孚，当时还只不过是北洋军阀的一个师长。

但这一时期，北洋各派军阀一边混战一边讨论停战，同时应付南方革命军的护法运动，哪还有心思考虑山东权益？直到一年之后的1920年3月31日，鲁籍军人王占元、卢永祥、吴佩孚及镇守使师旅团长48人，才通电反对政府与日本直接交涉山东问题，主张交由国际联盟解决。

但那个时候，在中国历史上浓墨重彩的五四运动，已经过去了将近一年了。

为了把那个乱世说得足够清楚，还需要补充护法运动的简要情况。

在辛亥革命推翻清朝统治之后，中华民国宣布成立。但开始的时候，都是由北洋军阀控制的北方政府代表中国。1916年6月袁世凯病死后，皖系军阀段祺瑞控制北京政府，继承袁世凯武力统一中国的衣钵，拒绝恢复中华民国国会和临时约法。孙中山在广州发动护法运动，南下议员在广州召开国会非常会议，会议通过《中华民国军政府组织大纲》，决定成立中华民国军政府，选举孙中山为军政府海陆军大元帅。段祺瑞决心以北洋武力镇压西南护法，挑起第二次南北战争。

这样，中国就有了孙中山主持的南方政府和北洋军阀控制的北京政府，两个政府都是自说自话，谁也不听谁的。

1919年4月1日，王占元、陈光远、吴佩孚等手握重兵的各路军阀，联名电请北洋政府重开南北和议。而在南方的军政府内部，军阀势力反对、排挤孙中山，也强烈要求与北方政府进行和谈。护法运动的失败，标志着整个中国民族资产阶级领导的旧民主主义革命的终结。

旧的时代过去了，新的时代随之而来。就在南北和谈的紧要关头，著名的五四运动将中国历史掀开了红色的一角。

11. 还我河山

人们总是记住那些影响历史进程的关键节点，而在这些历史转折点上，影响历史进程的往往不仅仅是一个人，而是一群人、一代人，他们竞相在历史的潮头上搏击风雨，才留下了时代的波澜壮阔！

我们最耳熟能详的五四运动，毫无疑问是中国革命的先声。而在此之前，在山东济南，规模浩大的学生运动和请愿游行举行了很多次，为五四运动推波助澜。

那些被历史遮蔽的时代风云，恰恰是今天我们需要回望的。

在五四运动之前的4月20日，青年学生王瑞俊扯下自己的白床单，用血在床单上写下四个大字：还我河山！

山东省立一师的学生们，就是在这面鲜红的旗帜下，在王瑞俊的引领下，像潮水一样涌上了泉城的街头！

与王瑞俊同时走向泉城街头高喊"还我河山"的，还有带领山东省立第一中学学生走向街头的一位青年学生。这位带着贵州口音的青年学生，大名邓恩铭。

邓恩铭的二叔名叫黄泽沛，因为家贫，自小过继到贵州荔波黄家，所以二叔不姓邓而姓黄。后来黄泽沛考取了功名，千里迢迢从贵州到山东当县官。此时，邓恩铭的二叔是益都县的县长，这个益都，也就是今天的山东青州市。

邓恩铭出身于农家，为了读书从贵州到济南投奔二叔。在五四运动之前，比王瑞俊年轻三岁的邓恩铭，是省立一中的学生领袖。

省立一师、省立一中，成为济南学生运动中的两面旗帜！

在游行的路上，走在王瑞俊身边的同学王志坚往远处一指，对王瑞俊说："你看，我六大大，还有我的弟弟妹妹们！"

王瑞俊顺着王志坚所指的方向一看，身材并不高大的王翔千，正意气风发地带领着相州王氏的子侄们，跟随着游行的人流涌上泉城街头。

王瑞俊兴奋地对王志坚说："你六大大我见过！原来你们是一家人啊，这下好了！"

4月20日上午这天，山东群众万余人召开了国民请愿大会。王乐平站在高处高喊着口号："惩罚祸首，废除密约，保国权！平民怨！"

在游行的队伍中，邓恩铭随声高喊："惩罚祸首，废除密约，保国权！平民怨！"

王瑞俊接着高喊："山东亡了，国将不国，愿我三千万山东同胞，誓死图存！"

在当时的情况下，北洋军阀控制下的北京政府和山东督军的处境，却显得极为尴尬。他们一方面要奉命控制学生和百姓，平息汹涌的游行运动。另一方面，军警中的绝大多数人都是山东人，他们不敢参与游行，却从心底里赞成学生的爱国热情，况且这些学生和百姓纯本天良。因此，虽然军警奉命上街，也仅仅是维持秩序，既没有开枪，也没有用水龙头，更没有后来很多影视作品中所演绎的血腥镇压。

真要是枪声四起，游行群众哪有不怕死的？

济南爆发的这次国民请愿大会，引起了山东各阶层人民对国家主权的关注，激发全国民众投入反帝爱国运动。

与此同时，山东外交商榷会还向京派出常驻代表，联络北京各界人士向当局呼吁请愿，并向全国发出了《山东外交商榷会为青岛问题泣告全国父老书》，另外还分别致函各省议会，请求一致力争山东主权。这一系列请愿呼吁活动，表示了山东人民誓死力争的坚定态度。

而由王瑞俊和邓恩铭等人带领的济南学生运动，已经成为五四运动的前奏和先声。

12. 济南名士

　　国内风起云涌的学潮和流血事件，并没有影响足足开了5个月的巴黎和会。这场马拉松式的争吵，从1919年的1月吵到4月底，辩论大赛上谁也不肯让步，有的代表摔门而去，有的代表以退出和会来要挟对方。

　　尽管职业外交官中国代表顾维钧凭借中国在道义上的上风，在把持巴黎和会的英美等西方大国间折冲樽俎多方工作，但日本最终还是取得了德国在山东的利益。

　　4月30日，巴黎和会上山东问题交涉失败的消息传来，举国震动，愤怒已极的山东百姓立即掀起更大规模的抗议活动。

　　济南各界群众几乎每天都在药王庙、趵突泉等地，召开数千人参加的演讲大会。游行的人们振臂高呼："誓死争回山东主权！"

　　为了在更大范围内凝聚起爱国力量，5月3日王乐平和丁佛言到达上海，组织旅沪山东同乡会在法租界的山东会馆召开演说大会，召开力争山东主权的爱国大会。在会场上，王乐平、丁佛言等先后发言，1000多名冒雨与会的山东老乡，义愤填膺、声泪俱下！

百年之前的20世纪初，中国地方政治中的党派组织，往往是基于地缘或家族等私人关系而形成的精英团体。这种由家族和地缘结成的团体，甚至超越了某些基于共同追求而组合起来的各种松散团体和学会。

在泉城济南有一副名联：海右此亭古，济南名士多。在当时，要想成为济南名士，要么从政，要么从文。

地方的军政大权，一部分由军阀掌握实权，一部分由文官组阁政府，还有一部分权力掌握在各省议会中。以山东济南为例，地方政治精英要想掌握话语权，需要在省议会谋得一个重要位置，方可称得上是"济南名士"。

从民国开始，山东省议会就分成了两派，其中一派是以曹州（即今天的菏泽市鄄城县）人王鸿一和诸城人王乐平为代表组成的"王派"。1918年9月王鸿一当选山东省议会副议长，王乐平担任省议会秘书长。同时王鸿一还兼任省立第一中学校长。

另一派是以安丘人张公制和龙口人丁佛言为代表的"张派"。张公制在1913年第一届山东省议会成立时当选为议长，1918年9月第二届山东省议会成立时任副议长，并兼育英中学校长。

"王派"的人物主要来自同盟会，而"张派"的人物则以进步文人为主。"王派"和"张派"政见不同，今天携手，明天分裂是常事儿。王鸿一和张公制都致力于教育救国，两人之所以同时当选为副议长，是因为当时的山东督军张树元利用两派矛盾，让"王派"和"张派"两拨人鹬蚌相争，趁机推举同乡郑钦担任了议长。

在济南，议会中虽然因地域和家族而结成不同派别，但这两派并非谋取私利，在民族大义面前，他们都毫不含糊地站在了一起，都堪称济南名士。

1918年秋，王鸿一和王乐平发起成立山东各界外交后援会，很快成为全省爱国运动的领导核心。11月中旬，在王鸿一和王乐平等人的协助下，山东省立工业专门学校学生李开文等人发起成立山东学生外交后援会，办公地点就设在山东各界外交后援会内。这是五四运动之前，山东成立的第一个全国性的学生运动组织。

王鸿一、王乐平率先在济南成立学运组织，成为山东政坛上象征民意、叱咤风云的领袖人物。王鸿一也因此成为名噪一时的"济南名士"，并被梁漱溟称为"盖今世之一个真人也"。

而主张在中国实行联邦制的丁佛言来自山东黄县，是"张派"中的代表人物。1905年丁佛言与沈钧儒一起，以官费生身份到日本东京法政大学速成科学习，1907年5月学成归国后，执教于山东法政学堂。武昌起义爆发后加入同盟会，并担任山东各界联合会秘书长，迫使山东巡抚孙宝琦宣布山东独立。1912年中华民国成立后，丁佛言被推举为第一届国会参议院议员，全程参与了《天坛宪法草案》的起草工作。1916年8月，丁佛言担任黎元洪大总统府秘书长。张勋复辟后，他南下拜访孙中山，力促恢复国会，试图继续实行联邦制宪。

尽管王乐平和丁佛言分属两派，但在民族大义面前，两人果断地站在了一起。山东人这种大义为重的爱国品格，在两人同赴上海的呼喊中，体现得淋漓尽致。

　　后来，丁佛言从政坛隐退，醉心于古文字学，收藏了龟甲、彝鼎等藏品数千件，还著有古文字著作近十部。

　　就在王乐平、丁佛言在上海慷慨陈词的5月3日下午，以林长民为首的国民外交协会在北京召开会议，决定阻止政府签约。时任北京大学校长蔡元培，同时也是国民外交协会理事。气愤不已的蔡元培将外交失败的消息透露给了北大教授陈独秀、李大钊和一些爱国学生。当晚，北大学生约请北京13所中等以上学校代表参加集会，决定于4日在天安门举行示威游行。

　　1919年5月4日上午10时，北京各校学生召开碰头会商定游行路线。下午1时，北京学生3000余人会集到天安门，现场悬挂着北大学生所写的"还我青岛"血书。

　　天安门前金水桥南边高悬的一副对联引人注目：卖国求荣，早知曹瞒遗种碑无字；倾心媚外，不期章惇余孽死有头。

　　这副对联的矛头，直指亲日派的交通总长曹汝霖、币制局总裁陆宗舆、驻日公使章宗祥三人。

　　爱国学生打出"誓死力争，还我青岛""收回山东权利""拒绝在巴黎和约上签字""废除二十一条""外争主权，内除国贼"等口号和标语展开游行，冲破巡捕的阻拦向东交民巷的使馆区进发。

　　学生代表最初要求会见四国公使，但这天是星期天，外国

北京大学示威游行的队伍向天安门进发（王尽美纪念馆供图）

使馆不办公，也找不到人，仅有美国使馆人员接受了学生的陈词书，英、法、意三国使馆大门紧闭，学生们把英文的"说帖"丢在门口就回来了。

东交民巷是使馆区，巡警不准游行队伍通行。此举让群情激愤的学生们愤怒至极，学生们高喊着质问巡警："为什么我们自己的国土，不准我们的队伍通过？"

巡警解释说："这里是使馆地界！不是咱们的地盘儿。"

学生们当即怒火冲天："什么使馆地界？这是我们的耻辱！我们要惩办卖国贼！"

在使馆区碰到软钉子的学生们，转身将矛头指向北洋政府的官员，要求惩办交通总长曹汝霖、币制局总裁陆宗舆、驻日公使章宗祥。游行队伍浩浩荡荡穿过东单和东四，来到了曹汝霖的宅第赵家楼。学生们用旗杆把沿街房子的瓦捅下来，摔碎了一地。

后来有人从窗口爬进去，从里边打开了大门。此时，不明底细的章宗祥从厅房里出来，大家以为是曹汝霖，学生们拿起砖头瓦块将章宗祥砸了个头破血流。最后，细心的同学取下客厅里挂的曹汝霖的放大照片一对，才发现打的不是曹汝霖，学生随后散开了。

此时，赵家楼突然火起。当时火怎么起的，后来始终没有弄清楚是谁放的。后来有人说是北大学生黄坚点的火。北京高等师范学校数理部的匡互生在《五四运动纪实》中说火是他放的。也有人认为是曹家人自己放的，目的是一放火，就造成学生的刑事犯罪，就可以找借口逮捕法办学生了。

中国大学的学生王统照，这个来自诸城相州的新文化运动的狂热追随者，此时就在火烧赵家楼的现场，成为五四运动的播火者之一。

学生爱国游行，北洋政府没办法。但火烧赵家楼，北洋政府就找到了抓人的借口，大总统徐世昌趁此下令弹压，警察总监吴炳湘奉命出面控制事态，学生代表32人被逮捕。

当天晚上，北大校长蔡元培在北大三院礼堂慷慨陈词："发生这样的事，我这个当校长的要引咎辞职。不过，我辞职前一定负责把32个学生保释出来。"

就在王乐平和丁佛言携手在上海呼吁的同时，五四运动的第二天，正在北京请愿的山东省议会副议长张公制和王鸿一，得知32名学生被捕的消息，两人立即联手召集参众两院的山东籍议员奋声疾呼，共商计策设法营救被捕学生。

张公制和王鸿一带领山东籍旅京劳动者和学生1万余人，在北京彰仪门（即广安门）组织盛大集会，请求政府拒绝在巴黎和约上签字，释放被捕学生。

与此同时，北京学生展开罢课运动。在蔡元培校长等各界人士的努力下，5月7日，吴炳湘将32名学生礼送出警察厅。

13. 五四火炬

5月4日这场"外争国权、内惩国贼"的请愿活动，终于用一把火写在了中国历史上，后来还写在了中国共青团的团旗上，并由此改写了中国的历史进程。

五四运动，让很多学生和老师从此走进了中国历史，让我们记住他们的名字：

北京大学学生张国焘、罗章龙、高君宇、邓中夏，清华大学学生瞿秋白等人，后来他们要么参与创建中国共产党，要么成为中国共产党高级领导人。

北京大学学生许德珩，后创立九三学社并任主席。清华大学学生罗隆基，后为中国民主同盟主要领导人之一。

还有清华大学学生闻一多、中国大学学生王统照等人，后来成为爱国志士、著名作家。

5月18日，北京大学教授李大钊在《每周评论》上发表《秘密外交与强盗世界》，明确指出巴黎和会是帝国主义之间的一次分赃会议。李大钊指出：强盗政府们要根据着秘密外交拿人类正当生活的地方，当作他们私相授受的礼物，或送给那一个强盗国家、强盗政府，作扩张他那强盗势力的根据，无论是山东、是山北、是世界上的什么地方，我们都不承认，都要抗拒。

五四运动第二天，山东各界得知北京学生遭逮捕的消息，王瑞俊、邓恩铭等人带领济南市各学校的学生到西门大街集中，然后分头到各个商业网点进行演讲宣传，他们提出了一个新的口号：抵制日货！

写着省立一中、省立一师、省立女子师范、正谊中学、育英中学、山东工专、山东商专、山东农专、齐鲁大学的旗帜和标语，在泉城的大街上迎风招展。

既然日本霸占了山东，抵制日货是学生们当时能够想到的最好的反抗方式。

与此同时，山东省外交商榷会致电北京政府，指出：青岛问题事关中国存亡，兼系鲁民生死，无论如何，万勿承认。望即电议和专使，拒绝署名，鲁民三千万人民誓死为政府后盾。

五四运动之后，上海、长沙等全国22个省150多个城市，数以百万计的学生和市民展开了轰轰烈烈的罢工、罢课、罢市行动。

6月11日，北京大学教授陈独秀到北京前门外闹市区散发《北京市民宣言》时被捕。这个消息如同火上浇油，各地学生团体和社会知名人士纷纷通电，抗议政府倒行逆施。

与此同时，五四运动的消息，不断传到了法国巴黎。

6月27日清晨，在巴黎的华工和中国留学生举行了声势浩大的抗议活动。

6月28日，三万多华人齐集在中国代表团的住所外，发出了一个共同的呼声：谁签字，就打死谁！

在法青年组成敢死军，准备以自己的鲜血和头颅，捍卫中国的尊严和权利。面对如潮的民意，中国代表团终于发表声明：山东问题不解决，我们决不在和约上签字！

五四运动的浪潮，给了中国代表顾维钧足够的底气。1919年6月28日，巴黎和会的最后一天，也是全体战胜国在和约上签字那天。作为战胜国的中国代表没有出席会议，拒绝在和约上签字。

五四爱国运动，被中国共产党党史定义为反帝反封建的爱国运动，并成为旧民主主义革命和新民主主义革命的分水岭。

14. 纯本良心

　　济南的学生运动点燃了五四运动，五四运动也给济南学生的爱国热情添砖加瓦。五四运动之后，王瑞俊和邓恩铭带领青年学生，在济南组织了多次学生运动，组织集会、游行、罢课，联络济南学生建立反日爱国组织，开展街头宣传活动。

　　五四运动之后，为了积极响应5月20日北京学联的罢课斗争，王瑞俊带领济南中等以上学校于5月23日宣布罢课。

　　王瑞俊起草了这次《罢课宣言》，他在罢课宣言书中疾呼：露我头角，展我抱负，孤注一掷，以雪国耻。

　　在王瑞俊、邓恩铭等人的组织和领导下，20多所济南中等以上学校举行了总罢课。为了联络各界群众共同参与，6月9日，王瑞俊和邓恩铭还参加了山东国货维持会召开的大会，会议通过了《罢市宣言》，大会一致决议：不许购买日货，如有私与交易者，以处置卖国贼之惩例处之。

　　仅仅是学生罢课，影响的是一所或者几所学校。但成群结队的学生会集到各个市场，举着五颜六色的小旗子，到处高喊着"罢市啦！谁不罢市谁就是卖国贼！"这种声势，就变成了全民行动。

在民意汹涌的情况下，谁也不愿意当卖国贼，济南的各家商店、各个行业集体罢市。罢市无疑影响了整个城市的正常运转，当政者可就顶不住了，他们只好紧急商讨对策。商议的结果是，商人罢市是受学生鼓动，只要把学校的门堵上，不让学生上街，再勒令商店开业、工厂复工，就能破解因为罢市带来的困局。

6月11日，山东省政府贴出告示，限令商店一律开店营业。

当学生们还要上街号召罢市时，一师、一中、女子师范等各所学校的大门，却被军警堵住了。

与此同时，接到命令的学校也勒令所有学生不准外出。

怎么办？

这可难不住王瑞俊，他翻墙而出跑到大明湖畔的省立一中，去找邓恩铭等几个学生领袖。王瑞俊对邓恩铭分析说："咱们号召罢市是正义的，军警堵住校门不让咱们出去，只不过是奉命行事。那些警察大多是咱们山东老乡，也不忍心看着咱们的青岛被德国人和日本人抢来抢去，他们只不过是为了保住饭碗才例行公事地来堵门。"

邓恩铭接茬说："没错，这些日子咱们游行罢课，那些当兵的出来维持秩序，也只是出来劝劝咱们，既没动枪动炮，也没有抓人，只是拦着怕我们闹事。"

痛告同胞

良心快快發現

同胞乎 你記得民國四年日人勒逼我廿一條國恥條件乎
同今日奪我青島之事乎 要知青島失則山東亡 山東
亡 則中華民國亦亡 你的祖宗父母妻子 世世代代
都為日本的奴隸了 請同人良心快發現 趕緊一致對倭
真飛仍存五分鐘熱度 敢步朝鮮後塵哩

● 青島大鳥路某煙草公司實日本的事業
南洋兄弟煙草公司主人聞風已歸化日本啦 的事
恕這國民大會捐補助洋五千圓 難托人煽動
發賣牙膏牌代表為愛國志士 碩其好逐脫詞拒絕特捐其奸只告全体啊
人仍為憑則歇去

● 青島不信可看該公司 香燭盒月份牌及各種廣告品都是東
洋印來的

● 倘用私心分布傳單切速印收洋紙

（五月四日據青島日報）

济南爱国师生散发的传单（王尽美纪念馆供图）

王瑞俊果断地说："我看，咱们约定明天集体冲出去，想必他们不会阻拦！就是阻拦也不会是真心的！咱们只管往前冲就行。"

邓恩铭附和说："好，就这么办！"

第二天，各所学校的2000多名学生冲破阻拦，拥上街头高呼着口号游行。最后，呼喊累了的学生们集中到西门大街，一言不发地沿街静坐下来。

到了傍晚，沿街商户百姓送来吃的，学生不吃。送来水，学生也不喝。

济南的六月已经非常炎热，所有人都热汗淋漓，2000多个学生黑压压坐在大街上集体绝食，顿时惊动了省政府：这要是闹出人命来，谁也担不住啊。

当天深夜，山东省政府终于答应王瑞俊他们提出的几项要求：电请北京政府释放五四运动中的被捕学生；下令军警不得干涉学生演讲游行，也不得干涉商户是否营业；电告北京政府不能割让青岛。

学生的胜利激发了社会各界的爱国热情。5月22日，济南工人、学生及其他各界民众10万余人在南门外大校场集会。

23日，济南21所学校学生联合抵制日货，铁业工人展开罢工声援学生。

6月10日，济南学生、商人、工人举行了持续一周的罢课、罢市、罢工，要求政府惩办卖国贼、释放被捕学生。

在令人热血沸腾的爱国学生运动中，王瑞俊跟同宿舍的王志坚商议说："仅仅靠街头演讲和游行，还不能让更多的人了解时局，为了唤醒同胞，号召大家勠力同心展开救亡运动，必须有一个自己的舆论阵地。"

王瑞俊的想法得到了王志坚的赞同。

随即，王瑞俊和省立一师同学创办了《山东省立第一师范学校学生周刊》。

王瑞俊在创刊号的发刊词中，明确表达了学生们的愿望：吾等罢课，纯属救国，吾等救国，纯本良心。不忍坐视国家之沦亡，故振臂高呼，反帝救国。盟天日而誓山河，勿持心不决而犹豫。

15. 主权神圣

五四运动在北京的胜利，极大鼓舞了初次登上政治舞台的王瑞俊。

6月上旬，从上海归来的王乐平等人组织省议会、省学生联合会、省教育会等团体在省议会连续开会，商量下一步的活动事宜。

会后，王瑞俊拽住王乐平问："现在的关键是，北京抓了的几十个学生虽然放了，但陈独秀先生却被捕了，你跟陈独秀先生是老相识，你说，我们山东怎么办？"

悲愤的王乐平说："我这就组织人进京请愿！释放陈先生，不能在巴黎和约上签字，不达目的，誓不罢休！"

热血沸腾的王瑞俊眼里放着光说："我跟你一起去，我再叫上一中的邓恩铭！"

王乐平拦住跃跃欲试的王瑞俊："你和小邓都是各自学校的学生领袖，下一步在济南还会有很多请愿活动，我们在北京和济南遥相呼应，省立一师的学生运动更需要你！"

王瑞俊抬起头还想说些什么，被王乐平摆手阻止了。王瑞俊只好低头，闷闷地说："好，那你们出发那天，我和邓恩铭去车站送行！"

回到学校，王瑞俊按照《苏武牧羊》的曲子，连夜写出了一首《保护我山东》。后来，也有图书收录时将这首歌称为《长江歌》。

6月19日，王乐平率领86名代表山东各界的请愿团，从济南赶赴北京。一大早，王乐平正准备带领请愿团登上北去列车时，站台上响起了王瑞俊低沉悲壮的歌声：

> 看看看，滔天大祸飞来身边。
> 日本强盗似狼贪，硬立民政官。
> 此耻不能甘，山东又要似朝鲜。
> 攫我祖国，攘我主权，破我好河山。
>
> 听听听，山东父老同胞愤怒声。
> 送我代表赴北京，质问大总统！
> 反对卖国廿一条，保护我山东。
> 堂堂中华，炎黄裔胄，主权最神圣。

歌曲唱罢，在场的所有人都有一种壮怀激烈的悲愤：风萧萧兮易水寒，壮士一去兮不复还！

王乐平带领请愿团赴京的消息，立即引来社会舆论对山东省议会的赞誉，王乐平在当时山东政坛的声望一时无二。

带着这首义愤填膺的《保护我山东》，王乐平在北京见到了民国大总统徐世昌，他泣泪陈词说："大总统啊，只要您不忍舍弃我山东百姓，我山东还有存活的希望。您要是不点这个头，我们还有什么脸面回去见山东父老啊！"

徐世昌肯定地点了点头，又无奈地摇了摇头。只有徐世昌自己知道，他只是个被北洋军阀操纵的文官和傀儡，背后还有实际掌权的军阀段祺瑞呢。

悲愤难平的王乐平一看徐世昌这个窝囊样子，哽咽着说："我就想问一句，大总统，山东是不是我华夏国土？您还要不要山东子民？"

王乐平说到这里，全体山东代表痛哭失声。那些山东籍的总统府卫士听完之后，也热泪盈眶。

见徐世昌既点头，又摇头。离开总统府后王乐平说："徐世昌不是咱们山东人，不向着咱们山东，这次来人少了不行，再派人回去组织第二批请愿团来京！"

随后，山东第二批请愿团再行赴京。6月27日，山东以县为单位组织了第二批请愿团76人进京，跟随王乐平再次请愿。

6月29日，王乐平带领声势浩大的请愿团，终于得到了徐世昌肯定的答复："顾维钧没有在和约上签字，巴黎的那个和约，中国政府断不认可！"

29日当天，山东各界在省议会召开万人国民大会，议决组织第三批请愿团，并讨论了抵制日货办法。随后，王乐平从北京传来中国代表已拒绝签字的消息，并决定带领两批请愿代表离京返鲁。

这次请愿斗争，以中国政府拒签巴黎和约，暂告一段落。

从北京凯旋的王乐平，在济南的社会声望到达巅峰。

我们今天的笔墨，无法记录那个时代的热血。五四运动绝不仅仅是北京青年学生的运动，而是全国民众万众一心的爱国运动。社会各阶层积极参加了各种活动，并与日本侵略者展开了直接斗争。特别是李大钊在北京领导的长辛店工人，积极进行了罢工和抵制日货斗争，地位迅速提高，为社会各界所瞩目，成为后来革命所依靠的主要对象和领导力量。

6月10日，曹汝霖、陆宗舆、章宗祥被罢免，五四运动取得第一个直接胜利。

回望百年之前的历史烟云，我们不能不冷静地看到，无论是省议会中的"张派"，还是王鸿一和王乐平的"王派"，这种由地缘关系结盟的地方政治精英，缺乏政党的宗旨和主义指引，他们的行动带有鲜明的摇摆性，这是历史的局限性所致，也掺杂了很多个人性格的因素。

后来的事实证明，王鸿一参加了安福系军阀在山东建立的地方组织路矿维持会，并反对学生办杂志、结社团，认为这是不务正业。"王派"的声誉断崖式跌落，失去了学生和群众的支持，也被皖系军阀所抛弃。王鸿一只好离开山东跟随梁漱溟去搞乡村建设，最后消失在历史的尘埃里。

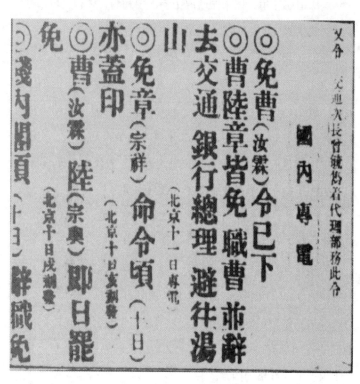

面对强大社会舆论压力，曹、陆、章相继被免职。这是当时报纸刊登的免职消息（王尽美纪念馆供图）

但王乐平还在政坛上坚守着，依然是山东政坛的风云人物，此时他正在筹办齐鲁通讯社，要把山东的声音传播到全国，后来还带领王瑞俊等人创建了共产党和国民党山东党组织。

16. 抵制日货

　　济南的学生把民众的爱国热情煽动起来之后，如何把日本人从山东赶出去呢？学生们能想到的办法只有一个，抵制日货！

　　学生们认为，只要在山东的日本人没吃的没喝的，日本商品在中国卖不出去，那他们还不乖乖滚回岛国去啊？

　　王瑞俊带领学生们在西门大街绝食之后，又在济南展开了抵制日货行动。因为当时驻济南的日军和日本侨民，都从济南市郊北园一带购买大米，王瑞俊和邓恩铭组织学生、发动群众，把住了北园通往市区的桥梁和道口，切断了日本人的粮道。

　　为了夺粮，日本军队抓住了截粮的一师学生张琴秋和一位市民。当时日军在济南的人数不多，也没那么强势。日本兵抓了学生和市民之后，可就捅了马蜂窝，日本驻济南领事馆立即被1000多名学生团团围住，所有人无法进出。无奈之下，日本领事馆只好乖乖将两人礼送出门。

学生运动让督军和省长都伤透了脑筋，他们最发愁的是，怎么破解这个困局呢？

有人给他们出了个馊主意：学校提前放假！所有学生必须回家！

济南的学生来自全省各地，学校一放假，大多数学生都要离开济南，那样就能大大减轻省城的压力。这本来是个很好的办法，却没有想到被王瑞俊他们一个招数就给破解了：各自回到家乡号召亲友抵制日货，在全省掀起抵制日货的高潮。

学生们在济南是一团火，被打散之后回到老家，变成了一粒粒火种。星星之火可以燎原，抵制日货的行动，迅速在整个山东蔓延开来。

山东各地的县城、乡村，在暑假期间都展开了各种各样的游行和抵制日货运动。回到老家的王瑞俊，更是龙入大海虎奔高山。

回到家乡的王瑞俊，先去诸城县枳沟镇西安村拜访了老师王新甫。王新甫对王瑞俊说："学校已经放假，你去普庆村找我的学生张希贤，他们在枳沟组织了'十人团'，跃跃欲试抵制日货，正缺个领头人呢。"

王瑞俊沿着潍河边从西安村往东走出十里地去往普庆村。普庆村前半里有个消失的村庄叫葛陂，就是诸葛亮的祖庭所在地。明清时期这里还出土过一块石碑，上边铭刻着"孔明里"三个字。

在普庆村前的河岸边，只见一个十六七岁的白衣男子，正用蘸水的皮鞭，将一头大青骡子抽得鲜血淋漓。

这头倔骡子嘴里戴着铁环做的马嚼子，被两根缰绳拴在河边的两棵柳树上。倔骡子被打得屁股倒坐在地上，来回躲闪着白衣少年的皮鞭。大青骡子嘶鸣低沉，但头却一直昂着。

王瑞俊上前问："小兄弟，牲口不听话，也不能这么往死里打啊！"

白衣少年回答说："这是头刚买来的生骡子，谁能降住它，它就服谁！"

人家教训畜生，王瑞俊不好阻拦，还是办正事要紧，他问白衣少年："兄弟，跟你打听个人，我找普庆村的张希贤，你认识不？"

青年男子斜着眼，歪头看看长脸平头的王瑞俊："在下就是张希贤，老兄怎么称呼？"

王瑞俊说："大北杏的王瑞俊！"

张希贤扔下鞭子，用激动的双手握住王瑞俊的手："原来是瑞俊大学长啊！久仰久仰！你在济南干的事儿，我们都听说了，咱诸城人宁死不当亡国奴！"

王瑞俊问："希贤学弟，你多大了？"

张希贤说："今年十七，正在枳沟高小读书，快毕业了。"

王瑞俊说："好，毕业后到济南找我！"

接着，王瑞俊将组织人员抵制日货的想法告诉了张希贤。张希贤拍着胸脯说："明天逢五，正赶上诸城大集，我们'十人团'正商议着去诸城大集上宣讲，缺个带头的。大学长要去的话，你带我们一起去吧！"

王瑞俊爽快地说："好！就这么定了，你继续降伏你的倔骡子吧。"

第二天，张希贤骑着那头被他驯服的倔骡子来找王瑞俊，两人带领几个学生一起赶赴诸城县城。

在诸城县城中心扶淇河东岸的河滩上，周边四乡八疃的人都来赶诸城大集。

王瑞俊他们赶到诸城大集的时候，早就有人站在戏台子上慷慨激昂地演讲，号召大家抵制日货。王瑞俊没来得及说话，张希贤忍不住喊了一声："好啊！"

演讲的人一听来的是同道中人，连忙询问，得知王瑞俊是从济南回来的学生领袖，当即推举王瑞俊上台讲话。此时的王瑞俊经过在济南的锻炼，对演讲已经不再陌生。他跳上戏台，控诉了北洋政府的卖国罪行，介绍了济南罢工罢课行动和游行成果，现场号召大家抵制日货。王瑞俊说："以前德国人占了咱们的青岛，现在日本人又要来当我们的家，做我们的主，咱们山东人能同意吗？我们为什么要抵制日货，不仅仅是把清朝门头上的牌匾换成中华门，更是把闯进我们家门口的日本人赶出去。请各位父老乡亲支持我们的宣言，爱我中华，保卫国家！保卫山东！保卫青岛！"

王瑞俊的演讲慷慨激昂，引来一片掌声。他演讲完之后，一个十六七岁的学生，跳上台来高声朗读了他的一首诗：

望断桑榆泪眼枯，血书七字胜兵符。

中华自有真男子，宁死不当亡国奴！

这个亢奋的青年男子刚念完，他身边一个小伙伴又争先恐后地跳上台来演讲！

演讲完毕后，两人将王瑞俊围住问这问那。此时王瑞俊才知道，念诗的年轻人叫孟超，演讲的叫徐宝梯，两人同龄，都出生于1901年，比王瑞俊年轻三岁，他们在诸城组成了一个抵制日货的"反日会"。

当时孟超是济南省立一中的学生，是邓恩铭的学弟，参加过多次济南的学生运动，也是刚刚放假回到诸城的。后来，孟超考入上海大学中文系，并在上海筹建中国左翼作家联盟，与夏衍等创建上海艺术剧社和《野草》杂志，与王统照、老舍、臧克家等人在青岛创办文艺副刊宣传革命。新中国成立后，孟超曾担任人民文学出版社副总编辑。

而与孟超同龄的徐宝梯，后来更为人熟知的名字叫陶钝。他紧随王瑞俊之后到济南读书，1931年在山东省立第一师范学校加入中国共产党。抗日战争时期，陶钝创办了山东文化界救国协会，1979年担任中国曲艺家协会主席，成为曲艺名家。

王瑞俊从诸城演讲完毕，第二天正赶上枳沟大集。

枳沟是一座千年古镇，楚汉相争之后，西汉吕后七年诸城置县，名为诸县。当时的县城所在地季孙城，就在枳沟镇的乔庄，当地人又把这座古城叫昆阳城。

昆阳城的正北是潍河，潍河北岸的普庆村前，有一个消失的村庄叫葛陂，就是蜀汉丞相诸葛亮的祖庭所在。诸葛亮祖上本来姓葛，诸葛亮的爷爷诸葛丰就是从这里携家带口，迁到了百里外的古莒国的阳都，因为要区别于当地的葛氏，才改姓诸葛。

此时的王瑞俊，才略略读懂同乡诸葛亮在《后出师表》所写的那句话：鞠躬尽瘁，死而后已。鞠躬尽瘁就是恭敬谨慎、勤勤恳恳、尽心竭力、呕心沥血。而此时的王瑞俊为了这个国家，满腔热血地甘愿竭尽劳苦、奉献一切。

枳沟镇位于诸城西乡，南瞰五莲，西邻莒县，东望诸城，是鲁东南的交通要冲。南边的日照往北通往潍坊的官道从这里经过，并与青岛通往临沂的官道，在这里形成十字交叉。所以，这里的交通位置比很多县城都重要。

兴致勃勃的王瑞俊和张希贤组成"十人团"，在枳沟大集上查禁了一批日货，并当场一把火焚烧殆尽。但赶集的老百姓心疼地说："日本人把货卖给我们，早拿钱走了，人家巴不得你们烧呢，他们好再卖。你们烧的可是我们花钱买的东西啊，我们找谁哭去啊？"

还有人嘟囔着："这么多好东西烧了真可惜，不如送给穷人呢。"

王瑞俊一看，当场烧掉日货这个办法的确不妥，必须尽快调整策略。散集后，他对"十人团"的学生说："这些日货白白烧了是有点可惜！以后查禁日货，不如先存起来，咱们可以拿来周济穷人，或者做公益也行。"

王瑞俊既善组织又能宣传，他口才好说话在理，大家听了心服口服。

此后的假期里，王瑞俊带领"十人团"等爱国学生，在枳沟镇的十字路口上盘查日货，劝说商人和骡马贩子不要把农产品运往青岛，以免给青岛的日本人提供物资支持。在王瑞俊的带动下，诸城西乡的抵制日货行动，逐渐得到了老百姓的响应。

暑假很快就过去了，回济南之前，王瑞俊再次叮嘱张希贤说："你毕业后，来报考济南的学校吧，我在济南等你。"

张希贤说："好嘞，我一定找你去！"

1921年，张希贤跟着王瑞俊的脚步考入济南正谊中学。这所学校的创办人，正是山东一师的校长鞠思敏。毕业后，张希贤回老家诸城拉起一支队伍，并担任国民党军旅长。抗日战争期间，他还投靠日本人当过山东皇协军第一支队司令。抗战胜利后，他率部参加了八路军，又当上了山东军区独立第三旅的旅长。从国民党军到皇协军再到八路军，在寻找人生道路的跌跌撞撞中，张希贤兜兜转转闯来闯去，终于回到了正途上。

而与张希贤同时入学并住在同一宿舍的诸城学子李宇超，在济南求学期间受王瑞俊的影响参加了革命，到上海读书后又参加了周恩来领导的上海工人武装起义，即便在失去组织联系的情况下也不改自己的信仰。后来，李宇超跟随刘邓大军千里挺进大别山，新中国成立后担任了山东省副省长。后来，李宇超与王瑞俊的亲人还有一番人生交集，这是后话。

五四爱国运动时期，是热血青年的觉醒的年代，很多诸城籍青年人在王瑞俊的影响下，一茬又一茬奔赴济南求学，后来有些人参加了丁惟汾和王乐平组建的国民党，有些人参加了王瑞俊和邓恩铭组建的中国共产党，在寻求革命救国的道路上，有了不同的人生际遇。

17. 砸报馆

　　在探索救国救民的道路上，百年之前王瑞俊所从事的革命活动，并不是我们今天所能完全理解的。他们的斗争，也不是我们今天所理解的"斗争"这个词。

　　王瑞俊他们是百年前的探路者，在浩浩荡荡的天下大势面前，作为革命先驱，他们当时遵从的是孙中山发出的口号：时代潮流浩浩荡荡，顺之者昌逆之者亡。

　　在你方唱罢我登场的军阀混战年代，济南的城头也在随时变幻着大王旗。在五四运动前后，主政山东的是段祺瑞手下的军阀，又被称作安福系。

　　袁世凯死后，皖系军阀首领段祺瑞出任国务总理，操纵了北洋政府。为了武力统一全国，建立皖系的独裁统治，段祺瑞指使亲信徐树铮组织了皖系政客集团。1918年3月，在徐树铮的策划下，王揖唐、王印川等皖系政客在北京安福胡同成立安福俱乐部，安福系开始操纵中国政治。在1918年8月的新国会选举中，得到日本资助的安福系以非法手段操纵选举。在全部议员的400多人中，安福系即占380余人，王揖唐被选举为众议院议长，因而这届国会被称为安福国会。

无论是政客还是民间人士，为了发出自己的声音、宣传自己的主张，都创办了各自的报刊。1919年3月，安福系在济南市创办了《昌言报》。

五四运动爆发时，山东巡抚张树元、济南镇守使兼城防司令马良、警察厅厅长宋德玉，都是安福系的军警首领，而《昌言报》就是安福系的喉舌。

与军阀张树元并立的山东省省长，是1919年2月才奉调到任的沈铭昌。这位49岁的前清举人是浙江绍兴人，是个典型的文官，虽然在济南没什么势力，但他对待学生和济南民众的爱国运动，采取怀柔的温和政策，在山东赢得了不错的官声。

而张树元和马良他们那帮军阀，却一直想采取强硬措施镇压学生运动，强硬派遇到怀柔派，双方就产生了矛盾。安福系军阀想着法子排挤和打压沈铭昌，这种矛盾从当面对抗变成了舆论攻击。

《昌言报》作为安福系的喉舌，把矛头对准沈铭昌的同时，也对准学生运动开火。《昌言报》登载了以山东十府三州公民代表的名义致电国务院的电文，攻击沈铭昌支持学生运动。在《对省当局进一言》一文中，还指责学生"不宜干涉外事，荒废学业"。

这篇文章攻击沈铭昌"任学生操纵驱使，滋生事端，似应退位让贤"。也就是说，安福系试图通过这篇文章，逼沈铭昌下台。

这篇文章一出，刚到山东上任不到半年的沈铭昌大病一场，并于1919年7月去世。

在当时的济南和全国，官方和私人出版的报纸杂志很多。除了日本人办的报纸站在日本政府的立场上对学生运动百般诋毁外，其他绝大部分媒体都尊重民意，鼓励和支持学生的爱国运动。

《昌言报》竟然与日本人办的报纸同流合污，直接对爱国省长和学生开炮，而且沈铭昌还在这个紧要关口，死在了山东省省长的任上。沈铭昌一死，不管是不是《昌言报》惹的祸，反正这家安福系的报馆，脱不了干系。

攻击爱国学生，气死爱国省长，这下《昌言报》把娄子捅大了，汹涌的民意变成了公愤！

7月21日早上，1000余名济南群众和学生在省议会召开各界联合救国大会。小学教员郭雨臣当场登台演说，拍桌击案，痛斥《昌言报》的种种谬论，疾呼誓死不看《昌言报》。

当时的省立一中校园，位于碧波荡漾的大明湖畔，与省议会大厦"鸟笼子"为邻。省议会原为前清省谘议局，仿照美国议会大厦建造，议会大厅上圆下方，周圈玻璃钢窗，因而有"鸟笼子"之称。辛亥革命时，"鸟笼子"曾是山东反清独立的大本营，民国以来更成为各派政治势力角逐的大舞台。

当时山东省议会，分为国民党与进步党两大派系，两派势力经常在这里吵吵闹闹，甚至大打出手。每当"鸟笼子"里大吵大闹之时，一中的学生便纷纷跑去西邻看热闹。里边议员吵闹不休，外边学生叫喊起哄，加上市民围观、行人驻足，一时热闹非凡。来到大明湖畔的少年才俊们，不仅看足了热闹，也经历了时代的风雨。

当时在场的王瑞俊更是难掩心中愤怒，他跳上台来大声疾呼："日本人杀我同胞，夺我山东，我们所有山东人五内俱焚、痛彻骨髓。可是,《昌言报》卖国求荣，甘当日本人的走狗。是可忍，孰不可忍！我们必须外争国权，内惩国贼！"

黑压压的上千名群众齐声呼应，有人在台下大声倡议："我们到《昌言报》报馆找他们算账去，好不好啊？"

"好啊！这就走！"这个提议，当即得到了多数人的赞同。参加大会的群众立即停止集会，游行队伍离开省议会的"鸟笼子"，浩浩荡荡拥向了附近的《昌言报》报馆。

《昌言报》报馆设在济南城内芙蓉街西花墙子路西楼房。游行队伍闯进报馆，将馆主张谦斋团团围住质问："你们凭什么逼着沈省长下台？"

张谦斋连忙推诿："法律规定，言论自由，谁也不得干涉！"

王瑞俊上前质问："你们报纸污蔑我们学生干涉外事，我们明明是爱国行动，你们才是卖国求荣！学生爱国，何罪之有？"

张谦斋是安福系的得力干将，济南镇守使马良是他的好兄弟，他哪里会将王瑞俊这样的青年学生放在眼里，他看也不看王瑞俊，一抬手指着大门说："你们赶紧滚出去，不然警察来了没你们的好果子吃。"

张谦斋的这番话，立即捅了马蜂窝，话音刚落，就被学生从身后摁倒在地捆了起来。随后，《昌言报》经理张景云、主编薛惠卿和六七个编辑人员，被学生们用麻绳绑着，像蚂蚱一样穿成一串儿，牵到大街上游街。

这下，济南大街上顿时热闹起来，围观的人们这个上前骂一声"卖国贼"，那个骂一声"狗"，再吐上一口唾沫，有人甚至跑上前去，左右开弓扇他们的耳光，还有人随手从街边抓点树枝和砖头瓦块，不管不顾地朝他们砸去。

《昌言报》报馆的人抓起来了，街也游了。下一步，怎么收拾这些人呢？大家开始犯愁了。有人提议说，把他们送到省警察署去，让警察厅长收拾他们。

游行队伍押着《昌言报》报馆的人送往山东省警察署，一路上人山人海，争看热闹。

警察厅厅长宋德玉一看这阵势，赶紧吓唬王瑞俊说："你们这样干，这不是要造反吗？"

群情激昂的人们正无处发泄，王瑞俊高喊："我们爱国，你说我们造反，那我们就先打倒你宋德玉这个卖国贼！打倒宋贼！都来打倒宋贼啊！"

宋德玉一看这个阵势，吓得连忙转身就跑。

这次砸报馆，学生和百姓是解恨了。但《昌言报》的后台是安福系，不可能善罢甘休。随后，报馆的人很快被释放，血雨腥风也随之而来。

《昌言报》报馆被砸，震动了安福系军阀，山东督军张树元在7月22日召开了军警会议，任命济南镇守使马良为戒严司令，在济南展开全城戒严。

18. 济南血案

　　五四运动以学生的胜利为结束。但有一个问题，需要我们理性审视历史，才能够还原当时的状态。比如，后来我们在很多影视作品中看到，当时北洋政府的"反动军警"总是充当恶人，端着枪炮或者水龙头镇压学生运动。

　　那么，当时的真实情况是什么呢？

　　在中国历史上，读书人的地位大多时候都比较高，五四运动虽然在民国时期，但读书人依然被人们称为"学老爷"。山东是礼仪之邦，读书人更受尊崇。

　　当代学者张鸣在《北洋裂变》中叙述道：晚清时节，士兵们一般不敢轻易进学堂生事，哪怕这个学堂里藏着革命党。

　　进入民国之后，军警也不敢轻易招惹学生。即使上峰命令弹压，军警在学生面前依然缩手缩脚。

　　根据李大钊的研究资料，记述五四运动当天的情况是：学生们直指赵家楼曹汝霖宅邸而去，沿路散了许多传单，许多人民看见掉泪，又有好些巡警也掉泪。曹宅周围有200多个巡警站着不动，后来大家用旗杆捣下房上的瓦，巡警、宪兵、游缉队等就躲到一旁去了。

接下来，学生们把章宗祥抓住，打了个头破血流，头上露出了骨头，章宗祥除了哭号呻吟，也不敢说别的。

面对游行学生，军警们连连作揖求饶说："学老爷们啊，我们是丘八，你们是丘九，你们比我们大一辈啊，给小辈留碗饭吃，赶紧回家吧。"

火烧赵家楼之后，民国政府警察总监吴炳湘奉徐世昌大总统之命带队赶到，曹汝霖见打人的学生离开，才逼着吴炳湘抓人。吴炳湘没办法，才下令抓捕了还没来得及散去的32名学生。

抓学生的有巡警、宪兵、游缉队。第一天，学生们不免挨了几下打，行动言语都不自由。第二天，吴炳湘来之后，学生们可以在警察厅院子里自由行动。第三天，学生们每人拿到了一份《益世报》。

学生被捕期间，山东同乡会、国民外交协会出面保释无效。后来，蔡元培等北京各大学校的校长全力担保，警察厅才许保释。

五四运动闹大之后，不仅仅是作为"走狗"的军警，在风起云涌的学生运动下，连大总统徐世昌最后也服软了。五四运动中，徐世昌指令北京军警抓捕了这32个学生，警察开始还比较手黑，让学生蹲了铁笼子。后来发现打不得骂不得也杀不得，最后想礼送被捕学生回学校，可学生就是不回。徐世昌只得派官员前去道歉，学生们还是不答应。

简单的道歉已经不能满足学生的要求了，吴炳湘只好向学生作揖恳求说："各位先生已经成名，赶快上车回去读书吧！"

在吴炳湘再三劝慰下，学生们才昂头挺胸各回各的学校，仿佛王者归来。

影响中国历史的五四运动，除了火烧赵家楼的那把说不清楚的大火之外，学生们并非暴力游行，也并非反政府运动，而是的的确确的爱国运动。

在整个运动过程中，军警与学生并没有发生致命的冲突，而大多数军警也消极怠工，因为他们内心里也支持学生的运动。

毕竟，大家都有一颗爱国心。国家受辱，谁的心里都不好受。

在所有关于五四运动的历史记载中，在全国数百个城市，各种爱国游行此起彼伏。除北京军警逮捕了32个学生和北大教授陈独秀以外，并没有枪杀学生的记载。

今天看来，军警拿着棍棒驱赶并将学生打得头破血流的事情，可能会发生；朝天鸣枪吓唬学生，也可能会发生。但直接开枪打死学生的事情，我们却没有找到任何记载。

据史料记载，五四游行示威活动中，的确有多名青年学生献出了宝贵的生命，其中影响最大的是北大学生郭钦光。在后来播出的电视剧《觉醒年代》中，虚构的人物郭心刚，就是以郭钦光为原型。

后来的相关资料显示，郭钦光在五四运动之前已经身患肺病，五四运动中吐血而亡。后来，五四运动游行总指挥、五四青年运动领袖罗家伦在《蔡元培时代的北京大学与五四运动》中，对郭钦光的死有这样的记录：当时章宗祥被打后就有学生被打死的传闻，正好郭钦光在这个时候死了，他本来就有肺病，在游行中可能是跑得太累，吐血加重，不久便死了。当时怕章宗祥与我们打官司，所以狄君武同学提议，就说郭钦光是在当天被曹家人打伤致死的。

这是罗家伦的一家之言，但五四运动中的确没有警察打死人的记录。我们之所以这样摆出证据来，不是为历史翻案，而是努力接近历史本来的样子。

当然，乱世之中总会有恶人跳出来。1919年7月22日，被山东军阀张树元任命为戒严司令的济南镇守使马良，不但杀人，而且杀了三个。

不过他杀的也不是学生，而是他的同族。

马良是军阀，也是回族武术家，面对学生运动，他也不敢真的拿枪对准学生开火。但当上戒严司令后，就要杀鸡给猴看。怎么办呢？这期间，马良发现有回族人参与了游行，就派兵捣毁了带头游行的济南回教救国后援会，抓走会长马云亭和朱春涛、朱春祥三人。

8月5日早晨，马良以"煽惑军警，危害治安"的罪名，悍然下令将三人枪杀，史称"济南血案"。

杀完人后，马良还大言不惭地辩解说："我又没抓学生，我杀自己的族人，总没人管得了吧?"

马云亭等三人是马良的回族同胞，更是爱国同胞!"济南血案"轰动全国，激起各地群众极大义愤，山东、北京各界代表接连向北京政府请愿，要求严惩罪魁马良。

第二年也就是1920年，直皖战争爆发，皖系大败，段祺瑞下野，马良也遭免职，闲居济南，赋闲之后他潜心武学，著有《中华新武术》一书。但在抗日战争爆发后，不甘寂寞的马良被日本人任命为山东省省长兼保安总司令，跟着汪精卫当了汉奸。1946年在济南被国民党李延年部队以汉奸罪逮捕，后病死在济南狱中。

善有善报恶有恶报，杀害同胞的马良终究没落个好下场，也算让人心理平衡了一回。不过，除了马良，五四运动中的确再没有其他军阀杀人的记载了。

颇具意味的是，逮捕马良的是来自山东广饶县大王镇大王西村的李延年，时任国民党第十一战区副司令长官兼山东挺进军总司令，他考入黄埔军校第一期的推荐人，就是后来的王尽美。在马良杀人的时候，李延年就在济南读书，是跟在王尽美身后游行队伍中一个不起眼的学生。

1924年，与李延年一起被王尽美推荐考入黄埔军校第一期的，还有同村的热血青年李玉堂。后来李玉堂随部在薛岳指挥下取得抗战史上闻名中外的三次长沙大捷，成为抗战名将，被授予陆军中将。国民党败退海南后，李玉堂担任海南防卫副总司令，本已与共产党代表谈妥条件举行起义。但因交通中断，李玉堂未能及时接到中共起义的指示，解放军已占领海南岛，李玉堂随国民党军队撤往台湾后因叛徒出卖，1951年2月5日被国民党当局杀害于台北碧潭。1983年，经山东省人民政府批准，追认李玉堂为革命烈士。而李延年败退台湾后，于1974年病逝于台湾，享年70岁。

李玉堂与李延年、李仙洲、王耀武合称"三李一王"，是山东的风云人物。李仙洲和王叔铭两人是经王乐平推荐，与李玉堂、李延年同时通过的黄埔军校的考试。

王叔铭长期担任周至柔的副手，对国民党空军建设贡献甚大，是中国抗战的空军英雄，曾出战230多次，战功非凡，因为勇猛敢于犯险，在空军中有"王老虎"的绰号，后来成为国民党空军司令，被授予空军二级上将。

在黄埔军校创建的初期，经王乐平、王翔千、王尽美等人推荐考入黄埔军校的诸城人，先后还有十几位。黄埔军校一期的刁步云也来自诸城相州，在参加第一次东征讨伐陈炯明战役时担任突击队长壮烈牺牲，葬于广东惠州。据相州坊间传，刁步云是相州王家的外甥。

鲜为人知的是，著名诗人臧克家在王瑞俊离开学校后来到一师读书，也是经王乐平和路友于推荐，成为黄埔军校武汉分校五期学员。臧克家先生的儿媳、山东大学教授臧乐源的夫人乔植英介绍，王乐平与臧克家两家有亲戚关系，1928年臧克家被国民党追捕，一直逃到黑龙江，与闯关东的臧家庄人在一起。

后来臧克家的妻子王深汀到上海找到王乐平，王乐平当时是国民党元老级人物，又是王深汀的族叔，他写信给当时的国民党山东方面，逮捕臧克家的事不了了之。

臧克家在他的《诗与生活》中有这样一段回忆："出席第一次党的代表大会，赫赫有名的王尽美同志，就是我的同学，我的小同乡，虽然我进入学校时他已经毕业了（臧克家写此文时，也许并不知道王尽美是被学校开除的，也许为尊者讳），但他经常出出入入，在校内做革命活动。我还仿佛记得他的长相，耳朵特别大，同学们亲昵地叫他王大耳朵。他有两句话，像一副对联，传在外边，至今有点影影绰绰：自由花鲜血浇出，凯旋门白骨堆成。我们前期一班从北园搬到校本部之后，我深深感到党派活动频繁，革命空气活跃。"

而另一个推荐臧克家进入黄埔军校的革命志士路友于，就是李大钊就义时，陪同李大钊赴死的那个诸城青年。这是后话。

19. 左膀右臂

　　与一腔热血勇往直前的青年王瑞俊不同的是，经历过多次政治斗争的王乐平，在五四运动之后清醒地看到，山东民众和学生的自发爱国运动，之所以能够成为五四运动的前奏和铺垫，主要原因是青岛是山东人的青岛，胶济铁路是山东人的神经。

　　王乐平经常跟王瑞俊讨论时局，他问王瑞俊："济南的学生运动，看似自发的爱国行动，但归根到底还是山东人被动的应激反应，与北京学生的五四运动，还不在一个层面上。为什么呢？"

　　王瑞俊分析说："济南的学生运动如火如荼，各界民众也都义愤填膺，但在思想界却是一片死气沉沉，甚至麻木不仁！只有行动，没有人发出自己的声音和政治主张，缺乏新思想的引领。"

　　王乐平对王瑞俊说："五四运动之后，我打定一个主意，要在济南创办一个通讯社，通过媒体呼吁山东民众，联合各界力量保护青岛，保护胶东铁路，保护山东！"

王瑞俊兴奋地说："通讯社最好能够同时推销《新青年》等进步书刊，把德先生和赛先生，请到孕育儒家文化的齐鲁大地上来。"

王乐平清醒地说："我办这个齐鲁通讯社，不但要在济南传播《新青年》等进步期刊，还要发出自己的声音。就像你多次跟我说过的咱们老家催着老百姓播种的杜鹃鸟一样，哪怕像杜鹃一样啼血而亡，也要催促着父老乡亲，赶紧布谷！布谷！布谷！"

王瑞俊说："要改变山东民众的心智，必须用新的理论冲开他们思想的堤坝。我愿意加入齐鲁通讯社，跟你一起干，总不能老来你这里白蹭饭吃啊！"

王乐平哈哈大笑说："我找你来商议，就是让你当我的左膀！"

王瑞俊连忙问："那右臂是谁？"

王乐平说："王翔千，就是你同宿舍王志坚的六叔，现在是育英中学的教员，改天我把他叫来，你们见个面。"

王瑞俊在五四运动前的一次游行中，就远远见过王翔千一次。只是，那时候印象并不深。

王瑞俊刚才谈话中说到的德先生和赛先生，是当时对民主和科学的一个形象称呼，也是中国新文化运动期间的两面旗帜。

1916年9月，陈独秀在上海创刊了《新青年》。1918年1月起，《新青年》改为白话文，带动其他刊物形成了提倡白话文运动。陈独秀、李大钊、胡适、钱玄同、鲁迅等一批新文化运动的闯将，成为传播新文化运动的主将。尤其在俄国十月革命后，《新青年》成为宣传马列主义、宣传反帝反封建思想的阵地。1918年4月，一个化名"二十八画生"的人，在《新青年》第三卷第二号上发表了一篇体育论文《体育之研究》，后来，我们才知道这位"二十八画生"，真实的名字叫毛泽东。

确定创办齐鲁通讯社后，王乐平积极找朋友合股，同时召集人手。

筹办齐鲁通讯社的资金容易筹措，但做这种事的人才难得。王乐平首先想到的当然是自己的家乡人，除了眼前的学生王瑞俊和邓恩铭，他第一个想到的是王翔千。

出生于1888年的王翔千，年龄比王乐平小4岁。王翔千1907年到北京齐鲁中学读书，肄业后考入京师译学馆学习德文。1911年毕业的时候，正赶上辛亥革命爆发，王翔千接触了一些西洋文化和进步书刊，年轻的热血被迅速点燃。在济南担任《齐鲁民报》编辑的王翔千，开始多方寻找救国救民之路。

王翔千所走的道路，是那个时代大多数知识分子共同的道路：教育救国！

打定主意之后，王翔千1912年回到诸城家乡，将相州王氏的私塾改成了国民小学，自任校长兼教员。在乡村里传播新思想，培养出一批新一代知识分子。

诸城的相州王氏家族之所以人才辈出，是因为这个家族一直注重教育，从私塾教育到王氏私立小学，起到了重要作用。

王乐平和王翔千都曾是王氏私立小学的教员，后来，王翔千带着一大批王氏子弟到济南读书，还有一些子弟考入北京、上海等地的大学深造。例如，王翔千的胞弟王振千考入北京高师（现为北京师范大学）手工图画专修科，王翔千的堂弟王统照跟着王翔千到济南考入山东省立一中。1918年王统照和他的诸城籍同学路友于离开济南，王统照到北京求学，路友于到日本早稻田大学留学。

诸城相州王氏小学的学生，还先后涌现出著名作家王愿坚、国民党空军总司令王叔铭上将、山东第一个女共产党员王辩、山东省文联副主席王希坚等人物。

其中，王翔千的子女有王辩、王希坚、王平权等人。

王振千的子女有王愿坚等人。

在百年之前，在乡村兴办新学，等于打破数千年的私塾教育，这是为当地宗族和社会所不容的。几年之后的1916年，王翔千带着女儿王辩和众多王氏子侄来到济南读书，而王翔千本人也在王乐平的介绍下，到济南法政专门学校做文案工作，后担任育英中学教师。

王乐平把王翔千和王瑞俊、邓恩铭等人叫到一起，开办了齐鲁通讯社。

1919年的这个时候，王瑞俊21岁，比王乐平小14岁，比王翔千小10岁。三个诸城王氏同乡，年龄差别并不大，在济南迅速形成了亦师亦友亦兄弟的关系。

王瑞俊眼前的两位老师，他们所走过的救国救民的道路，无论是革命救国，还是教育救国，要么泪痕斑斑，要么血迹斑斑。尽管热血犹在，但前途渺茫。

此时的王瑞俊，像一颗等待发芽的种子，正处在萌动的前夜，需要指引他成长的阳光、热烈的空气，以及催芽的泉水。

山东一师为王瑞俊打开了一扇看世界的窗子，但年轻人总是喜欢通过这扇窗子去张望外边的风景，控制不住时刻想冲破这扇窗子的冲动。

1919年的中国，各种新思想、新思潮通过报纸、杂志等媒体，传递到泉城济南。尤其是南方革命军的有关消息，让王瑞俊这样的热血青年陷入苦闷彷徨。

他们想冲破这些传统禁锢的牢笼，但又不知道牢笼是什么，也不知道该怎么冲破。王瑞俊看到的是，中华大地上战乱纷扰，列强环伺。脆弱的国门之内，枪声不断，狼烟四起，军阀混战，无休无止。

升入山东省立一师的新鲜劲过后，王瑞俊内心开始彷徨起来，加上对时局的冷眼审视，他在胸中郁结起一股热血豪气。

这是冲破牢笼的豪气，王瑞俊的一腔年轻热血，需要一个突破口。

他人生理想的突破口在哪儿呢？

20. 闹学潮

就像海燕生来就是要在电闪雷鸣中搏击风浪一样，像王瑞俊这样在时代潮头领略过浪遏飞舟的热血青年，是很难回到平静港湾享受安宁、专心读书的。

1919年暑假过后，王瑞俊升入省立一师本科第十一班。与此同时，他还被推选为山东学生联合会代表，成为山东学联的负责人之一。领导学生运动，成为王瑞俊学业之外最重要的事情。

王瑞俊所在的山东济南，是北京到上海和其他南方各大城市的必经之路。北京大学的罗章龙等青年学生南下到上海等城市去，偶尔会在济南停留。山东学联的负责人王瑞俊，按照惯例出面接待罗章龙他们，可以沟通各种信息。

因为山东学联负责人这个身份，王瑞俊结识了北京大学的学生会负责人罗章龙，并从罗章龙那里听到了一个灯塔般的名字：李大钊！

王瑞俊惊喜地问罗章龙："你说的李大钊，是写过《庶民的胜利》和《布尔什维主义的胜利》的李大钊吗？这两篇文章我都看过！他与陈独秀先生办的《每周评论》，很有战斗性啊！《每周评论》和《新青年》猛烈抨击封建军阀统治，揭露日本在中国东北和山东攫取权益的侵略行径，号召人民奋起抗争，是新文化运动的主要阵地啊！"

"是啊，李大钊先生是我们北大的图书馆主任，也是我们的精神领袖！我路过济南去上海，就是奉李大钊先生之命，到上海去找陈独秀先生的。陈独秀先生之前是我们的文科学长，也是我们的精神明灯！"罗章龙说。

王瑞俊说："太好了，陈独秀先生指出，十月革命以后，中国人受到两个教训：一是无论南北，凡军阀都不应当存在；二是人民有直接行动的希望，五四运动遂应运而生。我听说陈独秀先生在北京发放《北京市民宣言》传单被捕了，现在怎么样了？"

罗章龙拿出一本刚出版的《新青年》杂志，递给王瑞俊说："陈独秀先生被捕三个月后，就出来回了上海。这本《新青年》杂志上，有李大钊先生的《我的马克思主义观》，你好好看看。"

按照年龄，罗章龙是王瑞俊的兄长。最初的相遇和惺惺相惜，让王瑞俊和罗章龙结下了深厚的革命友谊。

如同久旱逢甘霖，他乡遇故知，如饥似渴的王瑞俊第一次接触马列主义，只读过一遍就被深深震撼了，王瑞俊坚信：这就是他想寻找的救国道路，这就是人生理想的突破口。

经历过济南学潮和五四运动的风雨洗礼，又听到十月革命和马克思主义。初次接触这样全新的思想，回到校园的王瑞俊总是感到有一声声召唤，召唤他去做一些惊天动地的伟业，这时候他就很难安静地坐在书桌前读死书了。

一个人的心中一旦有了某种信仰，他就会从内到外突然强大起来。信仰和精神就像是人们夜行路上的明灯，为夜行人指引方向并带来无穷的力量。

信仰的确是一种精神力量，是坚强的意志和铮铮骨气，是引导一个人不断向上的根源性力量。

王瑞俊就这样以战斗的姿态，登上了中国历史舞台，在改造中国与世界的革命实践中，逐渐锻炼成为勇猛疾进的无畏战士。就像同时代湖南一师的学生毛泽东带领学生闹学潮，开始革命实践的第一步一样，王瑞俊将一批志同道合的同学朋友集合在自己的周围，在山东省立一师闹起了学潮。

毛泽东闹学潮赶走了湖南一师校长张干，而王瑞俊他们，也赶走了山东一师校长鞠思敏。

就像后来毛泽东自责"赶走张干没有必要"一样，用今天的眼光看，被誉为"山东蔡元培"的民国教育家鞠思敏，并没有反对学生上街游行的爱国运动，只是劝解学生好好在学校里读书，不要过问学习之外的事情。包括五四运动之后，鞠思敏对学生领袖王瑞俊并无过多苛责，依然让他顺利从预科升入省立一师本科第十一班读书。后来，即便鞠思敏在王瑞俊领导的学潮中不得不黯然离校，也没有要求学校开除王瑞俊。

当然，王瑞俊和闹学潮的学生们，也并非对鞠思敏本人不满，而是对那个时代和教育制度不满。

民国时期山东出了"四大教育家"，他们是鞠思敏、王祝晨、于明信、范明枢。这四位老先生曾是山东师范学堂的同班同学，立志以教育复兴中国。鞠思敏和王祝晨他们开办了多所学校，也身兼多所学校的校长。鞠思敏在兼任山东省立一师附小校长时，对学校进行过大刀阔斧的改革，实行男女生同校，采用白话文教科书，聘请印度诗人泰戈尔、美国教育家杜威以及胡适、冰心、周作人等人来学校讲学，一时名流云集。

王瑞俊他们对鞠思敏不满，一是要改革旧式学堂传袭下来的教育制度，二是反对那些带着前清小辫穿着马褂摇头晃脑讲古书的教书先生，认为他们阻碍了新文化运动的步伐。今天看来，鞠思敏大节不亏，只是在学生们眼里过分保守，赶不上时代步伐而已。

除此之外，在当时的省立一师，学校内部的新派教员和旧派教员之争，已经转移到了济南的各家媒体上，当时攻击新派教员最为有力的，是《新齐鲁公报》，这不是皖系军阀或保守势力的报纸，而是国民党山东党部的机关报。这家报纸曾积极支持学生运动，以批评军阀政府镇压活动、支持社会进步而著称。但这家报馆的国民党人，当时并没有充分认识到新文化运动的意义，更没有正确认识到学生运动的背景是新文化运动，竟然盲目攻击新派教员。

当时的国民党内并不是铁板一块，而是各种观点并存。同样是国民党人的王乐平却思想激进，他正在筹办介绍新文化运动的齐鲁通讯社，并很快成为山东传播马克思主义的主阵地。

1919年9月，王瑞俊联络山东省立一中学生邓恩铭、育英中学教师王翔千等人，在济南掀起了一次声势浩大的学潮。学生们要求废除腐朽落后的教育制度，撤换校长鞠思敏。

"罢课乃求学之好机会!"王瑞俊高喊着口号，带领群情激昂的学生罢课、张贴标语、街头演讲。最后，王瑞俊率领学生到省教育厅请愿，迫使省长到省立一师安慰请愿学生，撤换了校长鞠思敏，辞退了部分前清举人出身的旧派教师。

今天我们并不知道，王瑞俊是否真正了解鞠思敏的前尘后事。这位在王瑞俊眼里古旧刻板的校长，当年也曾是跟王瑞俊一样的热血青年。鞠思敏1904年从山东荣成到山东师范学堂读书，两年后加入同盟会。1911年武昌起义时，鞠思敏参与策划山东独立，返回老家荣成发动光复运动，逐走县知事，成立荣成县军政府。1912年1月光复失败后，鞠思敏返回济南担任山东省高等师范学校教务长，后任校长。1913年又兼任新设的省立第一师范学校校长。

鞠思敏并非历史的绊脚石，而是历史的垫脚石。五四运动之后，鞠思敏还发起创办了尚学会，借此传播新思想、新文化。但在对旧制度的一次次反抗和斗争失败之后，热血微凉的鞠思敏远离政治，在此后几十年的岁月里，专心致力于教育事业。

但是，新校长接任之后，并没有改变原有的教育体制，不是他不想改，而是以他的能力，根本无法改变。在王瑞俊眼里，新任校长反而对学生管理更加严格，限制学生外出游行，一到晚上熄灯时分就紧锁学校大门。

仅仅这个小细节，就让经常外出找邓恩铭等学生领袖串联的王瑞俊吃了不少苦头。晚上回学校被大门的铁锁阻挡，王瑞俊不是走后门，就是翻墙头。

闹学潮，并没有闹出他们想要的学校新面貌来。

21. 反思教育

在一次次的斗争中，王瑞俊在革命思潮的启蒙下，开始了最初的思想觉醒，并对现实问题开始了思考和审视。这也是他从一个热血青年向一个革命者转变的开始。

王瑞俊来自山东乡村，他要考虑的是乡村教育症结，他要审视的是眼前师范教育的弊端。在这些思考中，王瑞俊写下了调查报告《乡村教育大半如此》和《我对师范教育的根本怀疑》。这两篇文章，都发表在当时济南的《泺源新刊》上。

王瑞俊认为：乡村教育是改造社会的利器，而师范教育又是乡村教育的基础。为此，王瑞俊还提出了自己的三项主张：针对当时教育完全被地主、资本家垄断的情况，提出了变贵族教育为平民教育的主张；针对当时乡村教育腐败、黑暗、落后的状况，提出了配备良好乡村教师的主张；用唯物主义观点，指出了当时师范教育脱离实际，不适应培养教育人才的弊病，提出了彻底改造乡村教育，以适应乡村教育对师范教育的师资需要的主张。

在这两篇文章中，王瑞俊用"腐败黑暗"描述了山东的城乡教育。他不但质问什么是新教育，教育的目的在哪里，教育的方法怎么样，而且他的质问已经具有了国际视野：文章中出现的"泡尔雪惟克主义"就是我们后来所说的"布尔什维克主义"！

王瑞俊的这些教育主张新颖、独到，反映了他对当时中国教育制度的绝望！

而教育救国之梦的幻灭，促使王瑞俊寻找一条更好的救国道路。

站在今天回望百年沧桑，我们可以理性地看到，王瑞俊带头闹学潮，针对的并不是鞠思敏本人，而是他自己教育救国理想的破灭。他对当时教育体制发出的呐喊，是救国救民的呐喊！尽管王瑞俊的这种来自底层的呼声，在当时是极其微弱的。

令人敬重的鞠思敏，并没有因王瑞俊的莽撞而动用权力开除他，反而保护他。王瑞俊从一个懵懂的青年学生，在省立一师的校园里生活了两年多的时间，并成长为一名职业革命家。

直到一年之后，继任校长见王瑞俊闹得太过头了，才将王瑞俊开除。

我们是否可以联想一下，比王瑞俊年长29岁的鞠思敏，是否从王瑞俊身上看到自己青春的热血身影呢？我们又怎么能否认，在风云激荡的年代里，正是一代又一代年轻人满腔热血豪情，心怀救国救民的宏愿前赴后继，才推动历史前进。

撤换校长之后，王瑞俊并没有看到学校里有任何改变。教育救国的理想破灭了，新的救国道路，又在哪儿呢？

就在王瑞俊和王翔千带领学生闹学潮的同时，因为济南戒严司令马良杀害回民爱国领袖，制造了济南血案，8月23日，山东各界请愿团联合北京学联代表瞿秋白等人及唐山、良乡、山海关等地在京代表共25人，一起游行向北京政府请愿，要求取消山东戒严令，惩办马良和张树元。徐世昌拒不接见，并调军警将请愿代表拘捕。

随后山东学联及各界又派代表到京声援营救，并积极开展宣传活动，散发传单揭露马良暴行。

1919年12月15日，王乐平在大律师王云樵的帮助下，终于抓住军阀张树元的一个把柄，以山东省议会的名义提出议案，弹劾张树元侵吞军饷300余万元。

王乐平是济南名士，王云樵是法律专家，他们提交的证据确凿，北京政府不得不于12月26日下令撤掉张树元的督军职务，改任北京政府将军府谦威将军。

在人民群众大规模连续请愿之下，北京政府于1920年5月给日本政府复电，放弃了与日本"直接交涉"的打算。

至此，历时9个月的山东五四运动圆满结束。

22. 齐鲁书社

为了推广新文化、宣传新思潮，1919年夏天，王乐平在济南大布政司街（今省府前街90号）的私宅外院，带领王翔千、王瑞俊等人开办了齐鲁通讯社。

这个通讯社内设了一个售书部，后来齐鲁通讯社有一个更响亮的名字：齐鲁书社。

马克思主义在中国传播的源头主要是北京和上海，通过《新青年》等杂志的流传而传播到全国。马克思主义在山东的传播，也是随着齐鲁书社所销售的《新青年》等杂志所倡导的新文化运动而渐次展开，齐鲁书社很快成为山东思想文化的主阵地。

按照相关记载，齐鲁书社开办短短两个月后，"已经有了骇人的效果了。《新青年》《新潮》《少年中国》《新教育》诸报，销数都在百份左右。其他如《解放与改造》《建设》《星期评论》等期刊销数亦都不少"。

《新青年》等杂志在济南发行两个月就超过100份，这个数字在当时是值得骄傲的。因为愿意掏钱购买进步期刊的人，往往是地方精英、名士、政要和进步学生，这些人在济南本来就属凤毛麟角。

齐鲁通讯社一边把山东的声音传递到外边的世界，一边推广各地的新出版物，用新的思潮唤起民众，在山东发出改良社会的先声。随着各种进步报刊的推广，齐鲁通讯社吸引来很多志同道合的青年人。

1920年9月，齐鲁通讯社正式更名为齐鲁书社，董事会公推王乐平为社长，租赁大布政司街北头路东铺房为营业地点。在齐鲁书社招股简章中，明确表示"本社以传播文化为宗旨，不纯粹以营利为目的，而以促进社会文化的进步为主要目的"。

齐鲁书社打开了山东知识界与外界思想交流的闸门，山东思想界、教育界沉闷压抑的社会风气为之一改，马克思主义等新思潮便如洪水漫溢，在齐鲁大地上传播开来。王翔千、王瑞俊、邓恩铭等齐鲁书社的骨干人员，也都是通过这里的报刊，接触到了马克思主义思想的最初传播。

关于齐鲁书社的影响力，据当时《晨报》记载："五四后，就是沉闷的山东，也是如梦初醒。"

鲜为人知的是，齐鲁书社既是五四时期山东新文化运动中心，又是国民党山东党组织的秘密活动机关。后来，还成为共产党山东党组织的诞生地。

齐鲁书社不但在青年学生中有着巨大的市场，也为政治集

齐鲁书社旧貌。1919年12月23日的《晨报》在报道中说:"王乐平办的齐鲁通讯书社,在济南销新思想的出版物很有些力量。"(王尽美纪念馆供图)

会提供了新的场所。王乐平的堂弟担任过齐鲁书社经理，根据他的回忆，在公开销售书报的门市部后面，另有厅房三间，陈设桌椅及桌球台等，供青年学生驻足休息和各方人士联络开会，从事政治活动。

23. 亢慕义斋

在北京，与齐鲁书社起着同样作用的，还有一个"亢慕义斋"。

1920年2月，李大钊护送陈独秀出京，2月19日，陈独秀经天津到达上海。在路上，两人商讨了有关建党的问题。这就是"南陈北李相约建党"的起点。

1920年3月31日，从天津回到北京的北大教授李大钊带领他的学生，秘密发起组织了马克思学说研究会。研究会成立后，因为得到北京大学的支持，学校拨出西斋宿舍中两间宽敞的房子，作为学会的活动场所。学会成员亲切地把这两间房子称为"亢慕义斋"。

这个德文语音直译的"亢慕义"，就是共产主义，"亢慕义斋"就是共产主义的书斋。这个亢慕义斋既是图书室又是翻译室，也是学会的办公室，学会的很多活动都在这里展开。

至今，北京大学图书馆里，还存有百年之前盖有"亢慕义斋图书"图章的8本德文图书。

直到一年半之后的1921年11月17日,《北京大学日刊》刊登启事,才公开宣布这个组织的成立并征求会员。

秘密成立的马克思学说研究会除李大钊之外,主要成员有北大学子邓中夏、罗章龙、刘仁静、高君宇、张国焘等热血青年。他们的主要活动是搜集马克思学说的德、英、法、日各种文字的图书资料,并加以编译,组织讨论会和专题研究,主办讲演会、纪念会等。

马克思学说研究会成立后,毛泽东率湖南驱张代表团来到北京,与李大钊、邓中夏等马克思学说研究会的成员开始了最初的联系,后来,毛泽东到北京大学担任图书管理员,在接触李大钊的过程中更多地接触到了马克思主义。

王瑞俊从罗章龙那里得到马克思学说研究会成立的消息后,就像在农村老家听到布谷鸟的召唤一样,他仿佛有一种预感,春天来了,到了冻雷惊笋欲抽芽的时候了。

王瑞俊立即动身赶赴北京,去拜见他心目中明灯一样的人物——李大钊。

1920年4月的一天,王瑞俊来到北京。

罗章龙带着王瑞俊到北京大学图书馆、教室、学生宿舍等处转转看看,还带着王瑞俊去看了一些外面来旁听的学生。

两人边看边走的路上,罗章龙向王瑞俊介绍了马克思学说研究会的情况。王瑞俊当即表态说:"我能成为马克思学说研究

五四运动后，研究和传播马克思主义成为进步思想的主流，李大钊（右三）
等先后成立少年中国学会和北京大学马克思学说研究会。图为少年中国学会
部分会员合影（王尽美纪念馆供图）

会通讯会员吗?"

罗章龙是马克思学说研究会的书记,立即表示同意,王瑞俊经登记成为通讯会员加入马克思学说研究会。

罗章龙在《回忆王尽美光辉的一生》中,记录王瑞俊第一次到北京的情况时说:"那时他曾以山东学生会代表身份来到北京,他在北京大学文学院联络事务时,我第一次遇到他。他对我们采取直接行动冲击亲日派感到很大兴趣。1920年年初,我和一些北大同学正秘密酝酿组织马克思学说研究会,他知道后也欣然参加,成为马克思学说研究会在山东的最早的通讯会员。此后,他不断往来济南与北京之间,参加会务活动并商议筹建山东马克思学说研究会等事。"

在罗章龙的引荐下,王瑞俊在北大红楼李大钊的办公室里,拜见了李大钊。

走进亢慕义斋,让王瑞俊深深震撼的是,墙上正中挂着马克思像,两边贴有一副对联:出研究室入监狱,南方兼有北方强。墙上还挂有一副对联"不破不立,不立不破",四壁上还贴着诗歌、箴言,热烈而庄严。

不一时李大钊走进亢慕义斋,就和我们后来从历史照片中看到的形象一样,李大钊身穿蓝色长衫,外罩一件黑马褂,板寸短发,胡须浓密,圆片眼镜后边是一双睿智的眼睛。

而眼前灰白长衫的王瑞俊同样是板寸短发,只是更年轻,更挺拔,更有一股山东人的豪爽劲头。王瑞俊朝着李大钊深深鞠躬:"先生,我是山东来的王瑞俊。"

在俄罗斯发现的一段关于李大钊先生的录影截图（丁一鹤截图自央视视频）

李大钊显然早从罗章龙那里了解到王瑞俊的相关消息："你就是王瑞俊？山东学生领袖，我知道你！你们在济南的学生运动与北京学运遥相呼应，发出了五四的先声！"

听到李大钊的赞扬，王瑞俊顾不上客气，直来直去地表达了自己的想法："我来北京，就是想找你们那个马克思学说研究会取经的。我去年就看过您在《新青年》上发表的《我的马克思主义观》，我们济南的学生，个个心向往之！"

李大钊欣喜地说："欢迎欢迎！热烈欢迎！对于共产主义和社会主义有信仰和有能力研究的北大同学，由本会会员介绍或者自愿入会，我们都热烈欢迎。你不是北大同学，但我们发展了一些外埠会员，我记得你是其中之一。加入我们年轻组织的，只是为数不多的知识分子，你看到的《我的马克思主义观》里，我摘译了马克思的《共产党宣言》中的很多重要论述，我们现在正在考虑，找人把这本书翻译成白话文，那样你就可以看到全部内容了！"

王瑞俊兴奋地说："太好了，我们济南学生久旱盼甘霖啊，要是有了全书的白话文，我们就可以深入系统地研究这个新学说了。"

李大钊启发说："有一股思潮在欧洲大陆泛滥，反动派把这股思潮当作洪水猛兽，但苏俄却奉为神明，这就是共产主义。马克思学说是全新的思潮和理论，需要我们传播和学习，我们在北京搞了个马克思学说研究会，你们也可以在济南搞一个，大家一起研究，共同交流嘛。"

王瑞俊兴奋地说："那就太好了！我这就回济南，马上就办！"

李大钊叮嘱王瑞俊说："你们研究理论问题，一定要跟中国现实结合起来，我们在研究马克思主义的过程中，跟罗章龙、邓中夏等几个同学，与长辛店的工人兄弟交上了朋友，只有把理论跟工人兄弟的生活结合起来，我们的研究才能落到实处。"

王瑞俊说："我回去，也跟工人兄弟交朋友！"

24. 励新学会

百年之前，马克思主义在中国还是个新鲜词语。

李大钊把共产主义书斋，翻译成"亢慕义斋"，而王瑞俊回到济南，音译过来的共产主义，落在文字上变成了"康米尼斯特"。当时，还有人甚至把马克思翻译成"马客思""马克尔斯"。

1920年夏，王瑞俊从北京回到济南后，与邓恩铭等人在济南创建了康米尼斯特学会。学会以王乐平的齐鲁书社为基地，大量收集有关共产主义的中文版书籍，成为济南现代史上第一个研究、宣传马克思主义的革命团体。

学会成立后，王瑞俊发现，"康米尼斯特"的发音实在拗口，很多人不是记不住，就是念错了。要换成一个朗朗上口的名字，才容易让人记住。在风云激荡的年代，所有的改变无非励志革新。王瑞俊对同宿舍的王志坚说："干脆，咱们把康米尼斯特学会改名为励新学会。"

王志坚应和说："好啊！励新学会听起来顺口，好记。再说，绝大多数人也不知道康米尼斯特是什么。"

王瑞俊的建议得到了多数人的采纳，1920年11月14日，济南康米尼斯特学会的会员王瑞俊、王志坚、吴健隼、李祚周、王象午、邓恩铭、王克捷、赵震寰等11人发起筹建励新学会。

励新学会的会员中，比王瑞俊年龄略小的王志坚是王翔千的侄子，王瑞俊在省立一师的同宿舍好友。与王瑞俊同龄的王象午是王志坚的本家堂叔，同样是跟着王翔千到济南读书的诸城相州王家子弟，当时正在济南工专读书。

1920年11月21日，励新学会在济南商埠公园召开成立大会。齐鲁书社创办人王乐平应邀出席前来祝贺并做演讲，演讲完毕后，王乐平捐资十元钱作为励新学会的基金。而刚刚在北京成立的曙光社，更是派王晴霓专程从北京赶到济南祝贺。

王晴霓也是诸城相州王氏家族中的一员。

北京曙光社的宗旨是基于"本科学的研究，以促进社会改革"。由北京中国大学的宋介、王统照、王晴霓等山东籍在京读书的学生组成，主要活动是出版发行《曙光》月刊。

在此之前，1919年9月16日，周恩来、邓颖超等人在天津南开大学成立了觉悟社。觉悟社成立时，社员共同决定对外不用真名而用代号。所有代号都是经过抓阄决定的。他们抓到自己的号数后，又用相应的汉语字音取了名字。周恩来抓到了五号，取名"伍豪"，这个代名后来写进了党史。而16岁的女生邓颖超抓到的是一号，她的名字叫"逸豪"。1919年9月21日，觉悟社邀请李大钊到天津演讲，传播马克思主义和十月革命精神。

1919年9月，周恩来、马骏等在天津成立觉悟社，学习、研究、宣传马克思主义。图为部分成员合影，后排右一为周恩来，前排右三为邓颖超（王尽美纪念馆供图）

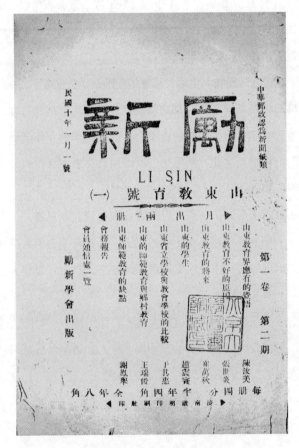

《励新》学刊山东教育号（一），王瑞俊的《山东的师范教育
与乡村教育》发表于此（王尽美纪念馆供图）

在当时的各大院校里，各种学会和学社如雨后春笋，带着青年人的热情拔节而出。

12月15日，《励新》半月刊创刊号出版，宣布该会以"研究学理，促进文化"为宗旨，积极宣传新思潮，努力探索救国救民的道路。

王瑞俊任《励新》主编，邓恩铭任励新学会庶务。

济南的励新学会和北京的曙光社、天津的觉悟社一样，都是进步青年学生自发组织的读书会，以新思潮的互相砥砺为宗旨，研究传播新文化、新思想，试图用马克思主义阶级分析的观点剖析和指导中国社会现实。

从被动接受知识，到有目的有追求地研究新思想，王瑞俊在省立一师的求学路上有了质的飞跃。而励新学会前后存在近一年的时间，为济南地区党团组织的建立，奠定了思想上、组织上、干部上的基础。

王乐平在励新学会的成立大会上，怀里揣着一封陈独秀的来信，但他没当场拿出来给王瑞俊。没人知道是什么原因，也许无意之中，王乐平在等待一个人的出现。

25. 共产国际

1920年秋末冬初的一天，操着南腔北调的杨明斋，敲开了齐鲁书社的大门。

36岁的诸城人王乐平，将38岁的平度西乡人杨明斋，迎进了齐鲁书社，也为山东迎来了一缕精神的曙光。

齐鲁书社旧址即今天的山东省济南市省府前街90号。走进齐鲁书社的售书部，杨明斋翻看完这里销售的《新青年》《每周评论》《曙光》《俄国革命史》等进步书刊后，单刀直入地问王乐平："认识陈独秀吗?"

杨明斋的口音里有王乐平熟悉的平度西乡口音，有他不太熟悉的东北口音，还有点完全陌生的洋腔洋调。纵使王乐平走南闯北见多识广，也一时无法从口音里分辨出此人的来历。

尽管陈独秀是新文化运动的旗手，但他毕竟刚从北洋政府的监狱出来不久，并被迫从北京到了上海。不知来人底细的王乐平一惊："陈先生我认识，您是哪位?"

杨明斋并不直接回答王乐平的问题，而是直奔主题："陈独秀的信，你收到了吗？"

王乐平又是一惊，执着地问来人："您是哪位啊？"

杨明斋依然没回答王乐平的话，语气有点咄咄逼人地问王乐平："陈独秀给你写信，让你在济南建立共产党，你们建起来了吗？"

王乐平是老同盟会员，在济南已经是众所周知的革命党人，他之所以没有公开以党派的名义开展活动，所有革命活动都是在齐鲁书社秘密进行，就是忌讳那个汉语语境里的"党"字。

在当时，民间的各种学会、研究会众多，政府和军阀对此睁一只眼闭一只眼。但公开结党，是任何政府都不允许的。

在中国历史上，"党"这个字带有很多特殊的意味，尤其为当权者所忌惮。我们通常所说的"党"的意思，是为了政治目的结合起来的团体，比如党派、党团。还有一种解释是意见相合的人或由私人利害关系结成的团体，比如朋党、党羽、死党。

总之，"党"这个字，在汉语的语境中，具有非同一般的特殊意味。

王乐平连忙将杨明斋让到里屋解释说："我们已经成立的励新学会，也是宣传马列主义和社会主义的。"

听完王乐平的介绍，杨明斋亮明身份说："我是共产国际派来的，我们共产国际支持你们在中国成立一个党派，这是国际大事。建立共产党组织跟你说的搞什么励新学会，不是一码事儿，我们是有宗旨、有主义的政党，是要参加世界革命的。陈独秀给你写信的同时，也给北京的李大钊教授写信，请你们在各地组织成立共产党。现在，上海、北京、广州都已经成立党组织，你们再不成立，就赶不上时代步伐了。"

在此之前，王乐平听说过马克思主义和布尔什维克等很多政治名词，但"共产党"这个词儿，他是第二次听说。第一次，是陈独秀在信里告诉他，上海已经在8月建立了"共产党"。

王乐平早年就跟日照人丁惟汾加入同盟会，已经私下里被人叫作革命党。眼前这个平度人又来催促自己成立共产党，不知底细的王乐平不置可否。

王乐平有些迟疑，又没有理由拒绝杨明斋，他转念一想，把王瑞俊、邓恩铭和王翔千三人请了过来，与杨明斋见面。

见到王瑞俊后，杨明斋才告诉他们，这次他是从上海到平度老家探亲的。杨明斋的老家在平度西乡马戈庄，与诸城东北乡的相州也只有几十里路，而且与王乐平、王瑞俊的家乡都在潍河边上。

既然大家都是喝着一条河水长大的，感情自然一下拉近了许多。

从杨明斋这里，王瑞俊他们第一次了解到十月革命的真实情况。因为杨明斋不但亲自参与过十月革命，而且还是潜伏到敌人阵营的红色卧底，更是共产国际派到中国来的翻译和特使。

在王乐平和王瑞俊他们眼里，杨明斋实在是个传奇人物。杨明斋在平度老家读过几年私塾，1901年，19岁的杨明斋闯关东谋生，先到哈尔滨，又到海参崴打工，后又从西伯利亚矿区辗转到了莫斯科，参加了布尔什维克党领导的工人运动。

"布尔什维克"是俄文"多数派"的音译，是列宁创建的俄国无产阶级政党。苏维埃俄国建立后，才在1918年改名为共产党。

1917年俄国二月革命后，俄国成立了资产阶级临时政府，杨明斋来到俄国首都圣彼得堡，被布尔什维克党安排到资产阶级的临时政府外交部内"潜伏"，为革命提供了大量情报。

1919年3月，列宁领导的共产党成立了世界革命的总部，就是我们常说的"共产国际"。为了向全世界输出革命，以暴力建立无产阶级专政，共产国际制定了暴力革命的战略方针，向中国派出密使，寻找中国先进知识分子和政治精英，协助他们在中国创建共产党的组织。

共产国际向中国派出多批密使，在中国进行秘密活动。在众多共产国际的密使中，最卓有成效的当数共产国际远东局维经斯基所带领的团队。随维经斯基团队来华的密使小组中包括维经斯基的夫人、米诺尔、别斯林和中国人杨明斋。

杨明斋既是共产国际的华工代表，又懂俄文和中文，由他来中国策动组建共产党，当是最佳人选。

用现在的话语来说，杨明斋这位中共党史上不该被忽视的人物，不但是目前我们所知加入共产党的第一位中国人，而且在建立中国共产党的过程中，起到了不可替代的作用。

26. 万里投荒

　　杨明斋陪同维经斯基一行到中国，可谓占尽天时地利人和。1919年前后对中国来说，本就是一个民众心忧天下，力图改写历史的觉醒年代。

　　今天的年轻人即使读过一些历史，恐怕也难以想象百年之前中国的混乱。清朝灭亡之后袁世凯窃国当上洪宪皇帝，孙中山在南方成立南方政府，带领革命军又是护法又是讨袁又是护国，袁世凯暴死之后军阀混战。张勋复辟前后，北方各派军阀操纵民国政府，胡作非为你争我夺，为了从洋人的银行贷款不惜划出租界甚至卖国。

　　城头变幻大王旗，但草根百姓悲凉而无奈，成为时代飓风中卑微的沙尘。而觉醒的读书人成为时代英雄，他们在一场场历史事件中成为中流砥柱，并最终影响了时代的走向。

　　以山东为例，在王瑞俊之前，山东的四大教育家中的鞠思敏、王祝晨，日照人丁惟汾、诸城人王乐平、黄县人丁佛言、曹州人王鸿一，都是时代丛林中渴望救国救民的前赴后继的啼血杜鹃。

1919年的五四运动，涌现出了陈独秀、李大钊等革命领袖，也使苏俄政府看到了中国政治文化精英反帝、反封建的斗争力量。由列宁领导的俄共政府为了取得中国对俄共革命的支持，于1919年7月25日发表了《俄罗斯苏维埃联邦社会主义共和国政府对中国人民和中国南北政府的宣言》。在这份"苏俄第一次对华宣言"中，俄共明确表示愿意"将沙皇政府独自从中国人民那里掠夺的或与日本人、协约国共同掠夺的一切，交还中国人民"。

俄共政府的宣言与巴黎和约，形成鲜明对比。无论中国政府还是政治文化精英，都把俄共视为国际正义的化身，他们对苏俄的共产主义和社会主义心向往之，同时对革命领袖列宁也崇拜起来。"马克思主义"和"马列主义"，也就分得不是那么清楚了。

毛主席曾说，"十月革命一声炮响，给我们送来了马克思列宁主义"。十月革命后，中国的有志之士和很多文化政治精英开始接受马克思列宁主义，将其作为中国革命的理论基础和指导思想。

俄共建立了第一个社会主义国家，马克思主义学说第一次得到了实践的认可。当时，俄国的情况与中国相似，俄国十月革命的成功，为中国提供了一条可以参照的救国道路。

这条道路，就是马克思主义指导下的革命！

陈独秀和李大钊他们就是在这种情况下接受了马克思主义。而几年后国民党成立时，孙中山提出的宗旨也是联俄、联共、扶助农工。

维经斯基这个密使小组于1920年4月初到达北京。维经斯基与在北大任教的俄共党员鲍立维取得联系。后经鲍立维介绍，杨明斋陪同维经斯基又共同拜访了李大钊。

实际上，在接触维经斯基之前，李大钊先后接触的俄国人有布尔特曼、鲍立维、荷荷诺夫金，他们都是来找李大钊策动建立共产主义组织的苏俄密使。

随后，杨明斋从李大钊那里拿到了能找到的所有《新青年》杂志，以及很多提倡新文化运动和科学的进步期刊。从这些杂志上和与李大钊的交流中，杨明斋了解到当时新文化运动中涌现出的陈独秀、蔡元培、胡适、鲁迅等人。在北京，杨明斋和维经斯基还与北大学生张国焘、刘仁静等人进行了交流，向他们介绍了十月革命和共产国际的一些情况。

张国焘在回忆录中这样描述维经斯基：

这位年约30岁的苏俄共产主义者，中等身材，体格健强，目光深邃，英语说得相当流利，发音虽不算纯正，但比我的英语是要好得多。他于十月革命前曾流亡美国做工，革命时回国，是最早参加共产国际伊尔库茨克局的一个人。他给我的最初印象不是一个学者型人物，而是一个具有煽动力的党人。他从不以共产国际代表自居，也许因他只是伊尔库茨克局而非共产国际本部派来的缘故。

我和维经斯基在李大钊先生的办公室用英语会谈过好几次，多数是李大钊先生和我两人都在座，有时是我一个人，还有一次是北京支部全体党员共同参加的会谈。我们所谈论的问题很广泛，如共产党人的基本信念、组织原则、共产国际成立的经过、俄国革命的实况、中国革命运动的发展等。我们主要只是交换意见，而不是企图立即得出确定的结论。

在北京，杨明斋和罗章龙曾住在一起。而根据罗章龙的回忆，杨明斋到北京后也加入了北京马克思主义学说研究会。

经过几天的接触，维经斯基和杨明斋向李大钊提出建党的意见，杨明斋建议维经斯基立即南下，去上海拜访陈独秀。

我们无法猜测当时李大钊的真实想法。但有一个情况不能不引起我们的注意，根据章志的回忆，1920年2月，李大钊在护送陈独秀从天津转道去上海的时候，陈独秀住在租界的客栈里，晚上李大钊、章志等人到天津"某苏联同志家中集会商谈京津地下工作约一小时"。第二天，天津《益世报》登载《党人开会、图谋不轨》的消息。李大钊看到消息后，立即通知集会人员防患于未然，并立刻打车回京。而这天陈独秀也离开天津去了上海。

章志说，这个"某苏联同志"，就是鲍立维。

北大学生黄凌霜也在回忆文章中提到了这次会面。

据北洋政府密探关谦1921年2月19日的报告，鲍立维是苏俄政府人员，也是北大教员。住天津，每逢周五、周六来京上课。曾发动北京的青年赴俄留学考察，并与无政府主义者会谈等。

根据彭述之的回忆，经鲍立维介绍，荷荷诺夫金来到北大图书馆找到李大钊，希望李大钊创建中国共产党。李大钊表示要和上海的陈独秀商量。陈独秀回信同意后，荷荷诺夫金便赶回远东。不久，李大钊就经过鲍立维介绍，接待了维经斯基一行。

K. E. 舍维廖夫的《中国共产党成立史》，对此给出了答案：北京是反动派的堡垒，没有发达的工业，也就没有强大的无产阶级队伍，当时很难成为开展共产主义运动的基地。因此，他们带着李大钊的介绍信去上海会见陈独秀。

张国焘的回忆文章中也提到一些佐证：杨明斋后来告诉我，他和维经斯基初来中国的时候，对于中国情形十分陌生，他们的使命是联络中国共产主义运动的领袖人物，但不知找谁是好。他们从少数俄侨中探得了一些五四运动的情形，知道现居上海的陈独秀是这一运动的领袖，而上海又是社会主义运动的一个中心。因此他向维经斯基建议去上海找陈先生，维经斯基接受了他的建议，因而找到鲍立维介绍，首先认识了李先生，再拿着李先生的信到上海找陈独秀。

张国焘还不忘补了一句：关于这件事，杨明斋曾向我夸耀，表示日后的事实发展证明了他这个大胆建议的正确。

也就是说，在当时的情况下，一方面在北京建党的时机和地点并不合适，另一方面杨明斋建议维经斯基去上海找陈独秀。不然，张国焘也不会在评价杨明斋时，用"夸耀"这个词。

在与李大钊相处的短短几天时间里，杨明斋给李大钊留下了深刻印象。后来，李大钊用了8个字评价杨明斋：万里投荒，一身是胆！

1920年4月下旬，杨明斋陪同维经斯基等人来到上海找到了陈独秀。

回到上海的陈独秀，将《新青年》编辑部从北京迁移到上海法租界环龙路渔阳里2号，也就是今天的南昌路100弄2号。

杨明斋他们租住在了戴季陶曾住过的渔阳里6号，成了陈独秀的邻居。

杨明斋这个密使小组的任务，就是在中国发展共产主义组织。维经斯基受共产国际委托，在渔阳里6号建立了共产国际东亚书记处，其中设立了中国科、日本科、朝鲜科。他们的设想是，除了在中国建立共产主义组织之外，还要让共产主义在日本、朝鲜等东亚国家遍地开花。

维经斯基和杨明斋的工作卓有成效，1920年5月，陈独秀在上海成立马克思主义研究会，杨明斋是主要成员之一。

8月，上海共产党早期组织成立，小组成员包括陈独秀、杨明斋、李汉俊、李达、陈望道、施存统、俞秀松、沈玄庐8人，陈独秀为书记。

两个月后的1920年10月，李大钊在北京建立了北京共产主义小组。

　　在上海共产党早期组织建立的同时，1920年8月22日，杨明斋还在渔阳里6号那幢两层俗称为"石库门"的沪式小楼上，指导俞秀松等8名平均年龄时仅24.5岁的年轻人，建立起上海社会主义青年团。

　　李汉俊生于1890年，陈望道生于1891年，俞秀松和施存统生于1899年。和今天的年轻人一样，他们朝气蓬勃。如果时光倒流百年，他们也是一群不折不扣的"90后"。但生逢乱世，肩上自然增加了一份对国家和民族的担当。

　　1961年国务院将渔阳里6号的中国社会主义青年团旧址，列为第一批全国重点文物保护单位。

27. 第一所党校

杨明斋是典型的山东人性格，质直朴实、胸怀坦荡、感情直露，天晴天阴全挂在脸上。

一方水土养育一方人，齐鲁大地和儒家文化给了山东人一副伟岸的体魄，雄劲奔放的黄河为山东人注入粗犷豪迈的血液，拔地通天的泰山赋予山东人博大宽广的胸怀，杀富济贫的梁山好汉还让山东人具有粗犷彪悍的草莽气概。

这些山东人的性格基因中，还有一种让人难以接受的执拗，也可以叫作偏执。而杨明斋就是这样一个执拗到偏执的人。

1920年夏，李达从日本留学归国后，到上海与陈独秀、李汉俊等人创办《共产党》杂志的过程中，与杨明斋在工作中多有交集，领教过杨明斋的执拗性格。李达回忆当时的情况时说："当时我们有一个很早的同志叫杨明斋，山东人，那时就有40多岁，他曾经在帝俄的东方大学待过，所以会俄文，维经斯基来中国后就由他翻译。他翻译时很有意思，维经斯基的话也好，我们的话也好，他认为不对的全不翻。"

与此同时，李达在回忆中特别强调杨明斋"却是个好人"。

我们无法回到百年之前的场景，但我们可以在回望当时的情景时揣测一下：当时，共产国际到中国来发展共产党的组织，是发展共产国际的分支机构，他们又出钱，又出谋划策，那么，维经斯基在跟陈独秀的交流中，会不会有一些不适合中国国情或者人情的话语呢？而陈独秀对远东国际的了解也只是局限在纸面上。在两人之间，杨明斋应该成为一个减震器。

陈独秀从北京回到上海后，连《新青年》的办刊经费都有些捉襟见肘，不得已接受维经斯基的资助。但陈独秀毕竟是新文化运动的旗手，是进步学生心目中的精神领袖。即便作为一个独立的个体，陈独秀也是一位个性极强的书生。他从小就倔强而叛逆，被祖父打个半死也不喊一声痛，祖父曾感慨："这孩子将来不成龙，就成蛇。"

后来陈独秀留学日本，他不喜欢日本式的徐图改良，却独爱法国摧枯拉朽式的革命。五四前后，陈独秀一谈到革命就神采飞扬，他在《文学革命论》中写道："近代欧洲文明史，宜可谓之革命史。故曰，今日庄严灿烂之欧洲，乃革命之赐也。"

也就是说，以陈独秀的性格，他连自己爷爷的话该不听都不听，面对一个外国人，会怎么样？在与维经斯基的交流中，如果杨明斋直接翻译，难免产生这样那样的冲突。在翻译过程中，杨明斋坚持自己的立场，按照自己的思维逻辑翻译，能翻译的，他就把陈独秀的话翻译给维经斯基，不能翻译的，也绝不把维经斯基的话翻译给陈独秀。

杨明斋在陈独秀和维经斯基之间，既搭起了一座沟通的桥梁，又自作主张地为这座桥梁加上了一个减震器。

今天看来，这个减震器的效果应该还算不错，陈独秀和维经斯基的合作还算顺利愉快。维经斯基他们到上海4个月后，就成立了中国的共产党早期组织；1920年11月，杨明斋又帮助陈独秀创办了《共产党》月刊，这是国内第一个以《共产党》命名的刊物，广泛发到各地共产主义者和旅欧勤工俭学的革命者手中，发行量最高时达5000份。

迄今为止，我们也没有看到陈独秀与维经斯基产生剧烈冲突的记载。这大概是李达说杨明斋"却是个好人"的主要原因。

当然，张国焘在回忆录中评价说，维经斯基所以能与中国共产主义者建立亲密的关系，原因很多。他充满了青年的热情，与五四以后的中国新人物气味相投。他的一切言行中并不分中国人与外国人或黄种人与白种人，使人觉得他是可以合作的同伴。他那时对于中国情形还不熟悉，也不妄谈中国的实际政治问题。他这种谦虚的态度表现在他很推崇陈独秀先生和他在上海所接触的中国革命人物，总是说他们都是学有专长的。他的这种气质表示出他确是俄国革命后的新式人物，也许这就是他能与陈独秀先生等相处无间的最大原因。

维氏在未到北京之前，除与上海的共产主义者多有接触外，还曾会见过孙中山先生，可以说此行已有良好的开始。他能成为俄国革命和中国革命运动之间最初的桥梁，不仅由于他一开始就找着了主要线索，会见孙中山、陈独秀等这类人物，更由于他能与中国的革命人物谈得投机。他也和其他俄国革命人物一样，好滔滔不绝地发表议论，有时也爱与人喋喋不休地辩论，不过态度总是相当谦虚的。

维经斯基和杨明斋，都给中国早期领导人留下了好感。除了李达，周恩来也曾经称杨明斋是"忠厚长者"。

周恩来评价杨明斋"忠厚长者"的这句话，是当着著名作家、翻译家曹靖华面说的。曹靖华1920年在外国语学社听过杨明斋的课，1921年从外国语学社被选派往莫斯科学习，并与瞿秋白在莫斯科成为挚友，与杨明斋有师生之谊。1954年曹靖华看望周恩来时，周恩来向曹靖华询问杨明斋的下落时说："杨明斋是山东人，是个忠厚长者。"

除曹靖华外，刘少奇、任弼时、萧劲光等很多人，当时都应该算是杨明斋的学生。

建党初期，陈独秀、李大钊等无产阶级革命先驱者认为，要学习苏联的革命理论和经验，首先必须培养一批懂俄语的干部，陈独秀他们的想法与杨明斋不谋而合。

在秘密筹建中国共产党的同时，杨明斋在渔阳里6号办起了中俄通讯社和外国语学社。杨明斋担任这两个社的社长。除了向中国的进步青年传播马列主义，杨明斋还撰写大量文章宣传俄国革命经验。

在1920年9月30日出版的《民国日报》上，刊登了一则外国语学社招生广告：本学社拟分设英、法、德、俄、日本语各班，现已成立英、俄、日本语三班，除星期日外每班每日授课一小时，文法读本由华人教授，读音会话由外国人教授，除英文外各班皆从初步教起。每人选习一班者月纳学费二元。日内即行开课，名额无多，有志学习外国语者请速向法界霞飞路渔阳里六号本社报名。

这个广告立即吸引了来自全国各地的热血青年。

在外国语学社，老师大多是上海共产党早期组织成员：李汉俊教法语，袁振英教英语，李达教日语，俄语课由社长杨明斋和维经斯基的夫人库兹涅佐娃任教。

当时，在外国语学社听课的学员来自全国各地，学员最多时达五六十人。今天看来，这个外国语学社，应该是后来党校的最早雏形，主要目的就是挑选优秀学员到苏俄学习，为党组织选拔和储备青年才俊。经过一段时间学习后，杨明斋从学员中挑选出20多人，分三批介绍去苏俄学习。其中的刘少奇、任弼时、萧劲光、罗亦农等人，后来成为中国共产党的主要领导干部。

曹靖华对中国革命的主要贡献，是他从苏俄学习回国后，翻译了大量苏联文学作品到中国。他的翻译得到鲁迅、瞿秋白的热情关怀和支持，鲁迅甚至把曹靖华的翻译比喻为"给起义的奴隶偷运军火""普罗米修斯取天火给人类"。

1931年，曹靖华翻译、瞿秋白代译序言、鲁迅编校并自费印刷了《铁流》，这部初版仅印刷1000册的书，是否对1934年的红军长征产生过影响，我们不敢擅自揣测。但可以确认的是，

1934年红军长征时，在国民党颁布禁书条例和禁书单中，《铁流》被明令禁止。

当然，曹靖华不仅仅是一介书生，1925年他被李大钊分别派往开封、广州革命军所在地当翻译，随总部军北伐，参加了汀泗桥、贺胜桥、武汉、南昌、郑州等著名的战斗和战役。

上海建党之后，1920年8月，经北京大学的学生黄凌霜引荐，杨明斋陪同密使小组的米诺尔、别斯林从上海到达广州，促使谭平山、陈公博等人成立了广州共产党支部。

作为最早加入布尔什维克党的中国人，作为共产国际的特使，杨明斋当然希望在自己的家乡播下革命的火种。1920年秋末冬初，杨明斋回山东平度老家探亲途中，在济南短暂停留，通过王乐平与育英中学教员王翔千、山东省立一师学生王瑞俊、山东省立一中学生邓恩铭见面，向他们介绍了马克思主义和苏俄革命的情况。

杨明斋之所以到济南找王乐平，也是经陈独秀介绍。在这之前的1920年8月，陈独秀在上海建党之后，就写信给熟悉的革命党人王乐平，邀请他在山东建立中国共产党。

但陈独秀的这封信，王乐平一直揣在怀里没有拿出来，因为他还没有拿定主意要不要干这件事儿。

28. 真理的味道

在讲述山东建党的故事之前，需要穿插一个必要的情节。

1920年8月，就在王瑞俊和邓恩铭等青年学子在济南酝酿筹备励新学会的同时，在上海，一本薄薄的小册子的出版，如同在中国的思想界下了一场及时雨。

这本书长约18厘米，宽约12厘米，比如今的小32开本还要小。封面上印着一位络腮胡子的人物的半身水红色人坐像，今天的人一看就知道是马克思。在马克思坐像上方，赫然印着五个大字：共党产宣言。

没错，初版的书名前边三个字不是"共产党"，而是"共党产"。印颠倒了书名，不仅校对，其他很多人都没有发觉，这只能说明，当时人们对于"共产党"这三个字还非常陌生，大多数人甚至从未听说。

在这本书出版之前，陈独秀、李大钊他们翻译的《共产党宣言》部分章节，已无法满足人们的需求。在陈独秀想把《共产党宣言》全文翻译出版的同时，担任上海《星期评论》主编的戴季陶，也在找人翻译《共产党宣言》，想在《星期评论》上连载。

《民国日报》主笔邵力子向戴季陶举荐了曾留学日本的陈望道。

当时，陈望道受聘于浙江第一师范学校当国文教师，他带头参加新文化运动，成为"一师风潮"事件的核心人物。大闹一场之后，此时的陈望道刚离开浙江一师来到上海。

戴季陶向陈望道提供了他从日本带回来的《共产党宣言》的日译本，陈独秀请李大钊从北京大学图书馆借出《共产党宣言》的英译本，一起供陈望道作为翻译的底本。

这里简要介绍一下戴季陶。他是中国马克思主义最早的研究者之一，曾参加筹建上海共产主义小组，中途退出。后来还担任黄埔军校政治部主任、国立中山大学校长、国民党中央宣传部部长、考试院院长等职。戴季陶有蒋介石的"国师"之称，是蒋介石的忠实智囊。戴季陶还有一个逸闻是，他将亲生儿子过继给蒋介石，取名蒋纬国。1949年2月11日，戴季陶在广州服安眠药自杀。

杨明斋他们租住的渔阳里6号，之前的住户是戴季陶。

1919年冬，陈望道拿着《共产党宣言》的两个版本，回到老家浙江义乌分水塘村，在偏僻的柴屋里冒着严寒翻译成中文。1920年4月，陈望道带着译稿来到上海，将译文和日文版、英文版的《共产党宣言》交给李汉俊，请他校阅后再转请陈独秀审订。

当时，主编《新青年》杂志的陈独秀既缺人手又缺钱，就请陈望道担任杂志编辑。也就是在这个时候，共产国际派维经斯基和杨明斋等人来到上海，与陈独秀共商建党大业。

与维经斯基交流之后，陈独秀拿出了陈望道的《共产党宣言》译稿。

一切都是顺理成章，共产国际想做还没做成的事情，陈独秀和陈望道他们早已做好了。维经斯基立即出钱，在辣斐德路（今复兴中路）成裕里12号租了一间房子，建起了一家名为"又新印刷所"的小印刷厂，以上海社会主义研究社的名义，出版了陈望道翻译的《共产党宣言》。

1920年8月，初版《共产党宣言》首印1000册。陈望道因此被认定为我国翻译《共产党宣言》完整版本的第一人。

《共产党宣言》出版后不到一年，中国共产党在上海召开第一次全国代表大会时，给与会代表每人发放了《共产党宣言》。

而王瑞俊拿到的，就是印错书名的初版本。据济南马克思主义学说研究会早期会员马馥堂回忆：当时主要学习《共产党宣言》，我把《共产党宣言》带回老家广饶去，父亲看了极为称赞，称马克思是圣人。

我们之所以把这个故事拿出来单独讲，实际上是一种机缘巧合：王瑞俊拿到的这部初版的《共产党宣言》，后来转交给山东广饶基层党组织，经过半个世纪的风雨后，1975年在山东广饶被发现。

这本书上盖着"葆臣"印章，表明是山东早期中共党员和共青团员张葆臣珍藏的。

据中央档案馆保存的1923年12月15日《济南地区团员调查表》表明，张葆臣是江苏无锡人，1922年1月1日入团，是济南青年团的负责人之一。据1922年曾任济南党的代理书记的马克先回忆，张葆臣是当时在济南的7名党员之一。据王辩、刘子久回忆，张葆臣在济南道生银行做职员，在党内管党团刊物的发行工作。

这本盖有"葆臣"印章的《共产党宣言》，由广饶县刘集村人刘雨辉带回家乡。她是济南女子职业学校教员，在济南期间接触了王辩、于佩珍等女共产党员，1925年由于佩珍介绍入党，他们在一起学习《共产党宣言》过程中，这本盖有"葆臣"印章的《共产党宣言》辗转到了刘雨辉手中，并带回了广饶县刘集村。

刘集村党支部是中国最早的农村党支部之一，于1925年在王瑞俊指导下建立，当时刘集村有马馥堂和刘雨辉带回的两部《共产党宣言》，由支部书记刘良才保存。到1928年12月，中共广饶县委成立，刘良才担任县委书记时，广饶县已经发展党员70人，贫民会员500人。

星星之火，真的在山东大地上燎原起来了。

直到1975年秋天，收藏这本《共产党宣言》的刘世厚老人，才献出了这一珍本。目前，这部《共产党宣言》藏于山东广饶县博物馆。

在山东广饶发现的《共产党宣言》初版本为竖排平装本，以五号铅字印刷，内文共56页，每页11行，每行36字。作者标注为马格斯、安格斯合著，陈望道译。版权页的出版项标注是"印刷及发行者：社会主义研究社"，出版时间是"一千九百二十年八月出版"，标明"定价大洋一角"字样。

2012年11月29日，习近平总书记参观"复兴之路"展览，当他看到陈列柜中的《共产党宣言》中文译本时，给一同参观的政治局常委们讲了一个故事。

习近平说：一天，一个小伙子在家里奋笔疾书，妈妈在外面喊着说，你吃粽子要加红糖水，吃了吗？他说，吃了吃了，甜极了。结果老太太进门一看，这个小伙子埋头写书，嘴上全是黑墨水。结果吃错了，旁边一碗红糖水，他没喝，把那个墨水给喝了。但是他浑然不觉啊，还说，可甜了可甜了。这人是谁呢？就是陈望道，他当时在浙江义乌的家里，就是译写这本《共产党宣言》。

习近平告诉大家，陈望道当时说了一句话：真理的味道非常甜！

29. 心向高山

现在，我们再按照时间顺序，讲述杨明斋与王瑞俊的见面。

与王乐平对待杨明斋若即若离的态度不同的是，王瑞俊来到齐鲁书社与杨明斋一见面，两人接上共产主义的话头，就再也停不下来，如同久旱逢甘霖、他乡遇故知。

也许是回到家乡的缘故，杨明斋用浓重的胶东口音说："共产主义是我在苏俄见过，但你们却没见过的新世界，那是一个美好的世界，就像《诗经》里说的'适彼乐土'的那种乐土，是我们向往的新世界。"

王瑞俊好奇地问："你说过的那个我们没见到的新世界，是个什么样呢？"

杨明斋对王瑞俊说："苏俄要达到的共产主义，就是消灭私有制，建立一个没有阶级制度、没有剥削、没有压迫，实现人类自我解放的社会，也是社会化集体大生产的社会，最终过渡到各尽所能、各取所需的共产主义社会。现在，苏俄已经进入社会主义社会，这是共产主义的前奏。"

王乐平插话问杨明斋说："你说的共产主义，不就是我们儒家先贤所追求的天下大同吗？不就是孙中山先生所说的大道之行、天下为公吗？"

杨明斋分辩说："儒家所说的天下大同，是选贤与能，讲信修睦；是老有所终，壮有所用，幼有所长；是夜不闭户，没有盗窃乱贼。但孔孟的儒学道统们盼望了两千年，这种大同世界并没有出现。苏俄经过十月革命之后，却已经实现了社会主义。"

王乐平是老同盟会员，更是国民党山东党组织的党务负责人，他争辩说："我们同盟会和国民党人信奉的驱除鞑虏，恢复中华，创立民国，平均地权，这才是适合中国的大同世界。你说的共产主义，在我看来跟无政府主义差不多，不适宜于中国这片土壤。要知道，中国有三千年的历史，两千多年根深蒂固的儒家文化维护下的皇家正统，老百姓需要头顶上有青天罩着。"

杨明斋咄咄逼人地说："共产主义不是无政府主义，你想过没有，以前有皇帝的时候，老百姓把政治看成是帝王家的事情。你们国民党进行革命以后，又把政治看成是军人的事情，也可以看成是争夺各种特权的政客的事情，哪有王瑞俊这样普通老百姓的份儿？很多人认为，搞政治不是我们这些下等人的事情，但布尔什维克恰恰把天下看成是天下人的天下，把政治看成是天下人的事情。中山先生的设想是在总理下设行政、立法和司法三个部来治理国家，说到底还是效仿西方的三权分立，说到底还是西方资本主义那一套。你们赶走了清政府，平均分了地，说到底还是私有制，资本主义下的私有制只能出列强。但苏俄的共产主义不一样，是公有制，是土地、金钱归所有人所有，是国富民强。"

王瑞俊见两人争论的火药味道都很重，连忙岔开话头说："康有为先生也在《大同书》提出，人人相亲，人人平等，天下为公，那不也落空了吗？依我看来，无论是儒家的天下大同，还是马克思的共产主义，都是人人友爱互助，家家安居乐业，没有差异，没有战争。但我们要创立一个尽善尽美的世界，非共产主义不可，共产主义才是我们为之奋斗的目标！"

王瑞俊声音不大，但却很沉静，既有高度的自信与坚定，又充满着年轻人不可遏制的闯劲儿。

王乐平和杨明斋相视一笑，王乐平欣赏地对王瑞俊说："那就由你来组织这个共产党吧！"

这时候王瑞俊信心百倍："雏鸡在鸡蛋壳里，等温度和时间合适之后就会破壳而出。现在看来，共产主义在山东破壳而出的时机到了！"

王乐平听完王瑞俊的话，欣赏地拍拍他的肩膀说："乱世出英豪，英雄出少年。你们这些年轻人生逢乱世，家国凋零，正是大展拳脚的好机会。"

王瑞俊庄重地说："文天祥早说过，天地有正气。现在国家遭难，我们这些匹夫不救，谁来救？我立即找几个同仁一起，尽快成立共产党，救国救民救自己！"

王乐平叮嘱说："先不要声张，一定要先秘密成立，要防着北洋政府那些人捣乱。"

王瑞俊此时内心里激动万分，他慷慨地说："既然心向高山，就要不畏荆棘!"

30. 地下火种

时间到了 1921 年的春天。

沂蒙山东麓潍河岸边，桃花红，梨花白，梯田在民歌里层层展开。大北杏老家乔有山上的布谷鸟叫了，王瑞俊心中的杜鹃花，在布谷鸟的啼鸣中，漫山遍野地盛开了。

此时的王瑞俊已经清楚地看到，教育救国的道路走不通，共产主义才是一条光明之路，只有通过共产主义革命才能救国。尽管在当时，革谁的命，怎么革命，王瑞俊并没有想清楚，但他认定，共产主义就是寒冬过后即将绽放的花蕾。

王瑞俊想到的革命救国，是那个时代革命先驱们的同声呼唤。在王瑞俊眼里，最好的救国方式就是效仿苏俄共产党进行暴力革命。而指引革命方向的明灯，就是共产主义。

1921 年春暖花开时节，布谷鸟叫，杜鹃花开，由王瑞俊、邓恩铭、王翔千等人组成的山东共产主义小组在齐鲁书社成立。

这是继上海、北京、长沙之后，中国共产党最早的六个早期党组织之一。当时，谁也没有意识到，这颗历经严冬的地下火种，即将在齐鲁大地上燃起燎原之火。

关于山东共产主义小组最初的成员，有史料称共有5人，也有史料说是8人。而根据罗章龙等人的回忆和相关史料，王尽美、邓恩铭、王翔千3人可以确认下来。其他人员因为多为孤证，一些史料无法做到相互印证，无法做出判断。

据张国焘回忆："北京小组是活动最积极的一个小组，还在济南成立了另外一个共产党小组和社会主义青年团，最先参加小组的有王尽美、邓恩铭等8人。"

建党初期的山东党员丁君羊于1965年10月26日写给潍坊市委的材料中说："在山东首先接受马克思主义的人，当时有王尽美、邓恩铭、王翔千、王象午等人，他们在1920年成立了共产主义小组。"

早期党员侯志在《大革命时期情况回忆》中说："据我所知，山东的共产主义小组是在1920年以前建立的，开始时有王尽美、王翔千、邓恩铭，可能还有王天生，后来叛变了。"

这个王天生又名王用章，是山东历城人，1917年作为一战华工应募去欧洲，一战结束后于1920年回到山东，与在一中当电工的弟弟王复元一起参加了济南马克思学说研究会。1920年王用章被派到博山宣传工运，据确切记载于1922年加入中国共产党。1925年在济南被北洋军阀逮捕入狱。1928年出狱，与弟弟王复元公开自首叛变参加捕共队。

1929年2月，王用章公开投敌叛变后，担任国民党济南党部

"清共委员会"委员。后任搜捕共产党员的"行动组"组长，积极破坏中共组织。为了躲避中央特科的追杀，王用章后来改名王天生，后曾任国民党山东省党部组织部调查总干事、国民党胶济铁路党务整理委员会委员、国民党江苏省政府调查员、国民党中央组织部调查科组长、国民党陕西财政部烟酒税局分局长等职。中华人民共和国成立后，王用章被人民政府依法逮捕，1957年死于济南狱中。

而王用章的弟弟王复元，在后世的众多描述中，是一个典型的脑后有反骨、尾后带毒针的蛇蝎之人，还是中共党史上因贪污腐败而被开除出党的第一人。

1919年五四运动前后，19岁的王复元正在济南一中当电工兼传达员。因为工作原因，他很容易就和王瑞俊、邓恩铭等进步青年有了联系，参加了一些革命活动。随后，他来到当时的《大东日报》当了校对员。在王瑞俊创刊《济南劳动周刊》时，王复元也参与其中。1922年，王复元加入中国共产党。

1926年10月，王复元任中共山东区执行委员会委员，很快又成为党组织在青岛的负责人，他从基层支部的负责人一路晋升为中共山东省委组织部部长的重要位置。王复元掌权后私欲膨胀，多次贪污公款。1927年4月27日，党组织派王复元出席党在武汉召开的第五次全国代表大会，党中央让王复元带回拨给山东党组织的活动经费1000元，而王复元竟将这笔经费据为己有，并谎称经费在途中被窃。1928年4月，王复元又以去上海与党组织联系为由，从直属中共山东省委机关印刷部的集成石印局拿走2000元资金，导致石印局被迫停业。王复元贪污党费的丑事，随后被中共山东省委书记邓恩铭发现。于是，山东省委决定将王复元开除党籍。

1927年正是形势巨变的一年。蒋介石、汪精卫先后发动反革命政变，7月宁汉合流，大革命夭折，白色恐怖迅速弥漫全国。1928年下半年，国民党反动派势力开始统治山东，对山东的共产党人进行疯狂镇压。

王复元被开除党籍后，对共产党怀恨在心。1928年11月，王复元发表反共宣言，担任了捕共队长。

王复元和他的哥哥王用章相继叛变投敌，因为二人的身份和工作关系，对山东各地的党组织情况可谓了如指掌。王复元十分猖獗，他公开率领捕共队沿胶济铁路在淄川、张店、潍县、高密等地搜捕共产党员。

1929年1月19日，王复元带领特务秘密抓捕了邓恩铭等17人，致使中共山东省委机关遭到严重破坏。在这种情况下，山东党组织遭到了严重破坏，不得不把与王用章和王复元兄弟相识的党的大批领导干部紧急调离山东。

时任中共中央军委书记的周恩来得知这一消息后，在上海召开紧急会议研究对策，决定派中央特科成员赴山东锄奸。

1929年8月16日，王复元在青岛被中央特科成员张英暗杀身死，终年29岁。当时，在全国发行量最大的《申报》报道称："自首共产党员王复元，16日下午6时25分左右，在青岛中山路被人暗杀，中三枪，当即殒命，凶手逃走。"

王翔千也可以确认是山东党组织的发起人。在1920年之后，王翔千被省立一中聘为教员，成为邓恩铭的老师。王翔千的女儿王辩，当时是女师的学生，也是济南第一个剪短发的女子，曾在济南轰动一时。她在王翔千的带领下加入共产党，成为山东第一个女共产党员。

王翔千带领很多诸城王家子弟到济南上学，他带到济南的王志坚、王象午等兄弟子侄因此走上革命道路。但到后来，这些人有人参加了共产党，有人参加了国民党，还有人中途脱党。

除了堂弟王统照是那个时代的著名作家，在相州王氏一族中，还有两位颇有文学成就。一是王翔千的儿子王希坚，曾任山东省文联副主席；二是八弟王振千之子王愿坚，成为著名小说家，曾任解放军艺术学院文学系主任。

关于王愿坚，还需要补充几个小插曲。

在国难当头内忧外患的时代，王翔千把自己的六个儿女、侄子及家族子弟们都投入了革命的洪流中，王家子弟都在抗日战场上为国家民族奋斗牺牲，奉献出了他们的青春、热血与才华。1944年7月，年仅15岁的王愿坚与年仅13岁的堂弟王愈坚，被王翔千以"贴邮票"的方式，送到山东军区驻地日照县参加了八路军。从此之后，王愿坚再也没离开过部队。

王愿坚在1954年6月写出了处女作《党费》，立即轰动文坛，后来，他的《七根火柴》《普通劳动者》等多部作品被收入《语文》课本。1974年，王愿坚和陆柱国根据李心田的同名小说改编了电影《闪闪的红星》，对国人影响深远。

2014年10月15日，习近平总书记在文艺工作座谈会上的讲话中深情地回忆说："1982年，我到河北正定县去工作前夕，一些熟人来为我送行，其中就有八一厂的作家、编剧王愿坚。他对我说，你到农村去，要像柳青那样，深入到农民群众中去，同农民群众打成一片。"

在王愿坚去世27年后，收录了他全部文学作品的七卷本《王愿坚文集》，于2018年1月由春风文艺出版社出版。遵照王愿坚的遗愿，夫人翁亚尼在第一时间将文集寄送给了习近平总书记。2018年5月14日，中共中央办公厅的一位同志打电话给翁亚尼说："习近平总书记收到了您的来信。总书记表示，谢谢您赠送《王愿坚文集》，看到他的作品，就想起当年与他交往时的情景，至今都很怀念他。总书记祝您身体健康，晚年幸福。总书记要回赠您两本他自己的书《习近平谈治国理政》第一、二卷，共两册。"

在习近平总书记回赠的书上面，系着一个用红丝带做的大大的蝴蝶结。

王愿坚与习近平总书记结下文学情缘传为佳话。鲜为人知的是，王愿坚的这条命还是他伯父王翔千捡回来的。王愿坚是王翔千胞弟王振千的第二个男孩，据家人回忆，王愿坚出生后就生病，眼看着不行了，王振千以为孩子已经死去，就抱出去扔到了村外离潍河不远的土坡上。乍暖还寒的三月天，王翔千因遭敌人通缉匆匆逃回故乡，傍晚进村时发现了土坡上的孩子，看孩子还有一口气，就抱回了家。回家一打听，没想到竟是自

中华人民共和国成立后臧克家（右）住在北京赵堂子胡同，王愿坚（左）住在小雅宝胡同，相距很近，经常在一起交流创作（王小莹供图）

己亲弟弟的孩子。后来，王翔千给这个大难不死的孩子起名王愿坚。

关于相州王氏一族与领袖的文学情缘，还要补充一下王愿坚的堂姐夫臧克家与毛主席的文学情缘。

1956年11月，由臧克家担任主编的《诗刊》筹办工作进入关键阶段，臧克家整天想着第一炮怎样打响。得知社会上流传毛主席诗八首，臧克家如获至宝，连忙上书毛主席，请毛主席亲自审定并允许在《诗刊》创刊号上发表。接到臧克家用毛笔写的信后，1957年1月12日，毛主席给臧克家亲笔回信，同时提供了18首诗词，除了《诗刊》抄呈的8首，又加上了10首。

毛主席的这封信抄录如下：

克家同志和各位同志：

惠书早已收到，迟复为歉！遵嘱将记得起来的旧体诗词，连同你们寄来的八首，一共十八首，抄寄如另纸，请加审处。

这些东西，我历来不愿意正式发表，因为是旧体，怕谬种流传，贻误青年；再则诗味不多，没有什么特色。既然你们以为可以刊载，又可为已经传抄的几首改正错字，那末，就照你们的意见办吧。

诗刊出版，很好，祝它成长发展。诗当然应以新诗为主体，旧诗可以写一些，但是不宜在青年中提倡，因为这种体裁束缚思想，又不易学，这些话仅供你们参考。

　　同志的敬礼！

　　毛主席给《诗刊》的18首诗词，都是后来我们耳熟能详的名篇：《长沙》、《黄鹤楼》、《井冈山》、《元旦》、《会昌》、《大柏地》、《娄山关》、《十六字令》3首、《长征》、《六盘山》、《昆仑》、《雪》、《赠柳亚子先生》、《浣溪沙》、《北戴河》和《游泳》(按《诗刊》创刊号刊登顺序)。

　　毛主席对刚刚诞生的《诗刊》的支持，并不限于他雄伟瑰丽的诗篇。1957年1月14日上午，毛主席还召见了臧克家和时任《人民日报》文艺部主任的袁水拍等人。在这次会谈中，毛主席以赞许的口吻对臧克家说：“你在《中国青年报》上评论我的咏雪词的文章，我读过了。”

　　臧克家趁机问：“词中‘原驰腊象’的‘腊’字怎么解释?”

　　主席反问臧克家：“你看应该怎样?”

　　臧克家说：“改成‘蜡’字比较好，可以与上面‘山舞银蛇’的‘银’字相对。”

　　毛主席说：“好，你就替我改过来吧。”

　　话没说几句，心和心近了，可以放言无忌了。谈起《诗刊》创刊，臧克家向毛主席提出了印数问题。臧克家说：“现在纸张困难，经我们一再要求，文化部负责人只答应印一万份。同样是作家协会的刊物，《人民文学》印二十万，《诗刊》仅仅印一万，太不合理了。”

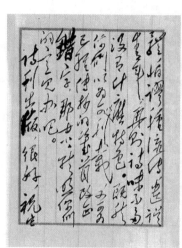

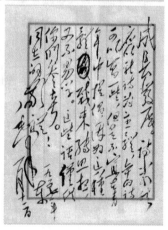

毛主席给臧克家的信（丁一鹤供图）

"你说印多少?"毛主席笑着问。

臧克家说得干脆:"公公道道,五万份。"

毛主席想了一下,也干脆地说:"好,五万份。"

臧克家还追着说:"请主席给黄洛峰同志打个电话。"

袁水拍赶忙眨着眼睛向臧克家示意说:"不用了,不用了。"

《诗刊》创刊号1957年1月25日面市,正逢春节前夕的下雪天,大街上早早排起了长队争购《诗刊》。这件盛事成为文苑佳话,载入了史册。

此后,臧克家利用主编《诗刊》的便利条件,不时给毛主席写信约稿。臧克家一共给毛主席写过多少信不得而知,而毛主席一共给臧克家写过7封信,其中1961年11月30日的信中说:"惠书收到,因忙未能如愿面谈,还是等一会儿吧……明年一月内找得出一个时间,和你及郭沫若同志一同谈一会儿。那时再通知你。"

1961年12月26日,毛主席又来信说:"几次惠书,均已收到,甚为感谢。所谈之事,很想谈谈。无奈有些忙,抽不出时间来;而且我对于诗的问题,需要加以研究,才有发言权。因此请你等候一些时间吧。"(《毛泽东书信选集》第546页)

毛主席在新的诗词发表前,总送臧克家一份征求意见。而臧克家也敢于坦率表示个人意见。毛主席的"词六首"在《人民文学》发表前,臧克家看后修改了几处。毛主席1962年4月24日在回信中说:"你细心地给我修改的几处,改得好,我完全同意。还有什么可改之处没有,请费心斟酌,赐教为盼。"

王尽美与毛主席除了共同建党之外，也多次畅谈诗文，这是后话。

关于王翔千入党的时间问题，后来王翔千在自述中说，他是于1922年由王尽美介绍加入中国共产党的。这又是怎么回事儿呢？刘明义在《山东共产主义者的早期组织——山东共产党小组》一文中做出解释：在1922年山东正式建立党组织的时候，除王尽美外，其他人都是重新入党的，所以才出现了王翔千在回忆中说自己是1922年入党的问题。

至于王乐平是不是山东共产主义小组的发起人和早期中国共产党员的问题，至今没有确切定论。唯一的证据是，1922年王乐平与王瑞俊、邓恩铭一起去苏联的时候，他在填写调查表时与邓恩铭一样，同样填写的是"中华共产党山东部"。

从苏联回国后，王乐平一直主持国民党山东党组织的党务工作。后来王乐平因追随汪精卫搞国民党改组派，作为改组派的负责人公开与蒋家王朝叫板，1930年被蒋介石布置的特务在上海暗杀。王乐平除了参加远东国际会议外，并没有公开以共产党人的身份出现在历史事件中，他与共产党人的合作也仅限于第一次国共合作期间。因此，除了赴苏俄参加会议时标注身份来自"中华共产党山东部"外，没有其他证据证明王乐平是早期山东的共产党员。

但在共产党山东党组织的建立初期，王乐平也多有贡献，这是毫无疑问的。

王乐平是当时山东新文化运动的旗手，凭借王乐平的威望，特别是在新文化运动中与陈独秀建立起来的交情，组建山东共产主义小组，他是最合适的人选。但当时的国民党精英众多，又有孙中山扛着革命的大旗在前，加上很多人对马克思主义并不了解，当时尚未正式建立的共产党与孙中山领导的国民党，是不可同日而语的。

会不会是这个原因，导致王乐平站在国民党的立场上，没有出面组建共产党，我们不得而知。

还有一个问题，当时的济南共产党小组除确认的王瑞俊、邓恩铭、王翔千外，还有没有确切认定的工专学生王象午、济南商专学生贾石亭、济南一中电工王复元。他们中除教员王翔千年龄略大外，王瑞俊22岁，邓恩铭19岁，其他人也大都是学生，并没有像上海陈独秀、北京李大钊那样的社会名流参加。

包括后来叛党的张国焘，他与王瑞俊交情不深，却对王乐平评价很高，他曾与王乐平在上海各界联合会共同工作，在《我的回忆》中，他称王乐平是"著名的国民党员"，也没有提及王乐平当时就是共产党员。

再后来，王乐平跟着汪精卫反对蒋介石，他也像杨明斋一样，走到了历史的聚光灯之外。

31. 党的产床

　　与杨明斋一样，中国共产党创始人李汉俊的哥哥李书城，也是党史上应该被特别关注的人物。因为他在上海的家，是中国共产党的"产床"。

　　李书城的人生传奇，与"革命"两个字密切相关。

　　李书城是湖北潜江人，这位晚清秀才16岁在湖北经心书院学习的时候，在立宪运动中要革清朝的命，还与著名反清将领吴禄贞结为兄弟。1902年5月，张之洞以官费生的名义，把他和湖南的黄兴等人送到日本东京弘文学院留学。在日本，跟李书城同班上课的同学还有浙江的周树人，这个周树人后来成为我们熟悉的著名作家鲁迅。

　　1903年春，沙俄进兵中国东北拒不撤兵，留日学生愤怒不已。李书城和黄兴带领留学生从日本东京赶回国，联络新军准备起义。这个消息被张之洞知道了，张之洞又将他们再次礼送出境，而且打散了分别派遣到德国、比利时和日本等几个国家。

李书城二次东渡日本，先入东京振武学校，后升入日本陆军士官学校第五期。4年后，紧随李书城之后有一个学弟也进入东京振武学校并加入同盟会，这个学弟叫蒋介石。

1905年8月，中国同盟会在日本正式成立，李书城是参与者和筹备者。1908年10月，李书城从日本陆军士官学校毕业，到桂林任广西陆军干部学堂监督，同时兼任陆军小学堂监督，主管教学。他的学生中后来涌现出李宗仁、白崇禧、黄绍竑等国民党将领。

1911年11月2日李书城参加武昌首义，任战时中华民国总司令部参谋长，协助黄兴指挥汉阳保卫战。在武昌首义和此后的日日夜夜，李书城与黄兴同铺而卧、同桌而食，同在一条战壕里指挥作战。李书城还在陆军士官学校的同盟会员中组织铁血丈夫团，作为反清敢死队。武昌起义后，铁血丈夫团成员分别担任都督及军、师、旅、团长，其中的李烈钧、程潜后来成为著名国民党将领。

1912年1月，中华民国临时政府成立，孙中山就任中华民国临时大总统，黄兴任陆军总长，李书城主持陆军部组阁。袁世凯策划刺杀宋教仁后，李书城跟随孙中山、黄兴起兵讨袁，失利后流亡海外，与黄兴赴美考察。袁世凯在唾骂声中暴毙而亡，李书城回国出任新任大总统黎元洪顾问，参加孙中山反对段祺瑞政府而发动的护法战争。

1917年9月广州成立护法军政府，孙中山任大元帅，李书城任护国军总司令。护法运动失败后，寓居在上海的李书城陷入苦闷彷徨的境地。正在这个时候，李书城的胞弟李汉俊从日本留学回来，给李书城带来了马列主义。

生于1890年的李汉俊比李书城小8岁。1904年，14岁的李汉俊在哥哥李书城和吴禄贞资助下到日本东京帝国大学学习土木工科，并受河上肇、堺利彦等日本社会主义者的影响，选择了马克思主义。

1918年年底李汉俊学成归来，住在李书城上海的家里，一边翻译写作，一边传播马克思主义。那时候的李书城已经是名动天下的革命人物，年轻的李汉俊对哥哥十分尊敬，每次吃饭，兄弟俩要么并排而坐，要么对桌同食，边吃边谈各自的革命主张。

李汉俊的马克思主义，深深影响了李书城。

李书城住在哥哥家里写作翻译马克思主义著作期间，很多人来到李书城家找李汉俊。陈独秀、陈望道等人更是来往频繁。1920年4月底，来找李汉俊的人又增加了高鼻梁的洋人维经斯基和杨明斋等人。李书城的家门前突然变得车水马龙，这不能不引起别人的注意。

李书城革命经验丰富，他叮嘱李汉俊说："你们聊天的时候一定小声交谈，不要惊动邻里，惹起外人的注意。我让卫士、厨师、管家和家里人严守秘密，你也要叮嘱你的朋友，来家的路上要警惕所有周围的人。"

贝勒路树德里106号这栋上海石库门的小洋楼，建于1920年秋，建成后不久，被李书城租下成为"李公馆"。今天，这里是中共第一次代表大会纪念馆。

中共建党之初，亟待建立一个稳定的活动场所，李书城毫不犹豫地将自己的家变成中共早期组织的活动中心。

1921年6月3日，共产国际执行委员马林到达上海，与李汉俊、李达在李公馆秘密见面，建议召开中国共产党全国代表大会。李汉俊也是从李书城家里，发出了寄往北京、长沙、武汉、广州、济南以及日本留学生组织的信函，通知各派两名党员来上海，参加党的第一次代表大会。

李汉俊与陈独秀、李达、陈望道等人发起编辑的"新时代丛书"，丛书的公开通讯处也是贝勒路树德里106号的李公馆。

从1919年到1921年，李汉俊在《新青年》《劳动界》《共产党》等报刊上发表了90余篇译文和文章，大多都是在李公馆中撰写的。

陈望道翻译完《共产党宣言》全译本，陈独秀、李汉俊两人是在李公馆进行校对的。

1921年7月23日，中共一大的主会场，也毫不犹豫地选择了李公馆。

李书城以自己特殊的政治声望，掩护了中共早期组织的革命活动，而李公馆便成了中国共产党的"产床"。

李书城当时虽然没有加入中国共产党，但在此后的岁月里，无论是担任孙中山内阁的陆军总长，还是参与指挥中原大战反蒋，李书城都参与幕后策划。1948年李书城领导发起声势浩大的"和平运动"，敦促白崇禧与中共和谈，逼迫蒋介石下野，后赴湖南劝说程潜起义。

中华人民共和国成立前夕，李书城接到毛泽东亲笔信后，赴北京参加中国人民政治协商会议。10月1日，李书城登上天安门，参加新中国开国大典。10月19日，李书城出任政务院财经委员会委员、中央人民政府首任农业部部长。

李书城和弟弟李汉俊，都是那个时代洪流中的砥柱！

32. 谁主沉浮

　　维经斯基带领杨明斋等人经过半年的工作，完成了共产国际远东局赋予他们的使命：在上海建立了共产国际东亚书记处，并且与中国、日本等先进分子建立了联系，推动了中国共产党组织在中国六大城市和欧洲、日本建立党支部。1921年2月，维经斯基接到共产国际的命令离开中国。

　　1921年6月，共产国际选定马林接替维经斯基的工作。马林到达北京后，拿着维经斯基的信见到了李大钊。随后，马林又带着李大钊的信，与共产国际远东书记处代表尼克尔斯基到达上海，见到了主持上海党组织工作的李汉俊和李达。

　　马林是荷兰人，由于长期从事革命活动，被欧洲各国的情报部门和外交部门视为危险分子。他这次以记者的身份来华，行踪受到公共租界和荷兰驻华大使馆情报人员的监视。

　　尼克尔斯基的身世则显得更为神秘，他是红军游击队员，长期在苏俄的情报部门任职。1938年2月23日，他被苏联国家安全总局以托派和日本间谍的罪名逮捕，后遭枪决。

马林和尼克尔斯基到上海后，与李达和李汉俊等进行了几次交谈。李汉俊向马林介绍说："目前已经有上海、北京、长沙、武汉、济南、广州等国内6个城市建立了党组织，大约有五六十名党员。另外，我们还在日本、欧洲也成立了共产主义小组。"

马林直言不讳地说："我们这次来上海的主要使命，是建议你们召开一次全国代表大会，尽快宣告中国共产党正式成立。"

李汉俊和李达对马林说："这件事太大了，我们要请示陈独秀先生和北京的李大钊先生。陈独秀先生现在不在上海，他应广东省省长陈炯明邀请，去广州担任广东政府教育委员会委员长。"

马林催促说："请尽快联系他们，一定请陈独秀和李大钊到上海，尽早主持召开全国代表大会。"

李达和李汉俊在写信征询陈独秀、李大钊的意见并获得同意后，分别写信给各地党组织，要求每个地区派出两位代表，7月中旬到上海出席党的全国代表大会。与此同时，李达还给各地代表汇款，作为代表到上海的路费。

王瑞俊和邓恩铭接到李汉俊的通知和李达的汇款后，正要准备动身。此时，张国焘在去上海途中路过济南，王瑞俊与邓恩铭等8人从火车站接上张国焘，直奔大明湖而去。8个人陪着张国焘在大明湖上泛舟畅谈，交流完各自工作情况之后，张国焘南下上海。

张国焘在回忆中说：我这次到上海路过济南，曾在那里耽搁一天。他们约集济南的8个党员，在大明湖的游船上和我聚谈了一天。他们视我为他们的先进者和老朋友，向我提出许多问题，不厌其烦地要我讲解。他们一面静听，一面记录要点，并商谈如何执行的方法。

张国焘离开后，王瑞俊和邓恩铭也赶赴上海。

1921年7月中下旬，设在上海法租界白尔路389号（今上海市太仓路127号）的博文女校，陆续住进了一批教师、学生模样的青年人，他们都自称是"北京大学师生暑期考察团"的团员。

博文女校是李达夫人王会悟租下的，同时她还准备了几张芦席，以备代表们住宿。

王会悟是《妇女之声》的编辑，也是青年团员。为了避人耳目，又要接待好与会代表，王会悟想到博文女校已经放暑假，并没有其他人居住，代表们以师生暑期考察的名义住在学校名正言顺，安静又安全。

直到7月22日，各地代表才全部到齐。先后集中的代表包括上海的李汉俊、李达；北京的张国焘、刘仁静；长沙的毛泽东、何叔衡；武汉的董必武、陈潭秋；济南的王瑞俊、邓恩铭；广州的陈公博；留日学生周佛海以及陈独秀委派的包惠僧。旅欧共产主义小组因为路途遥远，没有选派代表回国参加大会。

代表们住在博文女校楼上，条件极其简陋。王瑞俊和邓恩铭两人年龄最小，又都是贫苦子弟，自然不觉得条件差，他俩在房子里铺开芦席打起地铺，倒头就睡。而长沙来的毛泽东就住在他俩的隔壁，住宿条件略好一点，在凳子上支起一块木板

王瑞俊与邓恩铭等人陪着张国焘在大明湖上泛舟畅谈。这是大明湖的旧时景象（王尽美纪念馆供图）

当床休息。

代表们到齐以后，先在博文女校住处开了预备会。陈潭秋在后来的回忆文章中说：大会组织非常简单，只推选张国焘为大会主席，毛泽东与周佛海担任记录。

在考虑正式会议的地点时，李汉俊对忙于会务的李达夫妇说："到我家开会吧，我家宽敞些，也安全，离博文女校也很近，走着就能过去。"

李汉俊的家，就是法租界贝勒路树德里106号的李公馆。

7月23日晚上8点，中国共产党第一次全国代表大会在上海法租界贝勒路树德里3号的一楼餐厅正式开幕。餐厅里有拼起来的一张长方形餐桌，还有十几把木椅子，足以容得下十几个人。

出席会议的除了13名中国代表外，还有共产国际代表马林和尼克尔斯基，共15人。

尽管陈独秀和李大钊因公务在身未出席会议，但在代表们心目中，他们仍是党的主要创始人和领袖。

当天晚上，成立大会由张国焘主持，两位共产国际代表马林和尼克尔斯基做了简短致辞。马林激动地说："中国共产党的成立具有重大的世界意义，第三国际增加了一个东方支部，苏俄布尔什维克又多了一个亲密战友。"

尼克尔斯基介绍了共产国际远东局的情况，要求中共把工作进程及时报告远东局。

接着，代表们商讨了会议的任务和议题，一致确定先由各地代表报告本地工作，再讨论并通过党的纲领和今后工作计划，最后选举中央领导机构。

7月24日，在第二次会议上，各地代表报告本地区党团组织的状况和工作进程，并交流了经验体会。王瑞俊代表济南共产党小组汇报了党小组建立的过程。在与会的代表中，王瑞俊和邓恩铭是年龄最小的两个，因此引起代表们特别关注。

后来，毛泽东、董必武、陈潭秋等人在回忆文章中，都特别提到了王瑞俊和邓恩铭。

毛泽东非常动情地回忆说："王尽美耳朵大，长方脸，细高挑，说话沉着大方，很有口才，大伙都亲热地叫他王大耳。"

1961年，董必武在《忆王尽美同志》的诗中写道：

四十年前会上逢，南湖泛舟语从容。

济南名士知多少，君与恩铭不老松。

张国焘在《我的回忆》中特别提到：山东代表王尽美、邓恩铭也到得较早，他们都是刚毕业的中学生，因曾在五四运动中积极活动而著名。他们来到上海以后，仍本着学习的精神贪婪地阅读有关书刊，有时且向到会的代表们请教。

按照会议议程，25日和26日休会，用于起草党的纲领和今后工作计划。26日到29日三天，分别举行三次会议，集中讨论此前起草的纲领和决议。

经过几天的讨论，与会人员意见归纳为如下几点：一、中国共产党是无产阶级的革命政党，以实现无产阶级专政为基本原则；二、目前应着重马克思主义理论的研究和实际的工人运动，扩大共产党的组织与影响，为实现共产革命做准备；三、中国共产党不否定议会活动和其他的合法运动，但认为这些活动只是扩大工人阶级势力的手段；四、中国共产党站在共产主义的立场可以赞助孙中山先生的革命，但仍以实现共产革命为主，并不能将共产党的社会革命与国民党的革命混为一谈。

当然，代表们来自各方，意见不一致时难免出现分歧和争论，但很快都达成了一致。

7月30日晚上，大会代表正举行第六次会议，原定议题是通过党的纲领和决议，选举中央机构。可是大家刚刚坐在餐桌的四周，正要宣告开会的时候，突然有一个陌生人揭开书房的门帘，窥探了一下，又随口说了一声："我找错了人家。"

说完，来人就转身走了。后来人们才知道，这人是法租界巡捕房的密探程子卿。

程子卿是黄金荣的把兄弟，是法租界巡捕房的华人探长。原来，马林由莫斯科途经欧洲来华期间，曾在维也纳被警察局拘捕，虽经组织营救获释，但马林被视作赤色分子，被法国警方严密监视。

突然闯入的陌生人把所有人吓了一跳，大家都非常警觉，猜测这人可能是"包打听"。大家正要商议着怎么办，有人翻译给了马林。因为刚在维也纳历险，马林机警地从座位上一跃而起，拍着桌子说："我建议会议立即停止，所有的人分途离开。"

马林说完后，就跟尼克尔斯基先走一步。各位代表一听，连忙随之散去。

此时，李汉俊镇静地说："我是房主，不能走。"

陈公博说："我陪你。"

果然，十几分钟后一辆警车包围了李公馆，他们追问李汉俊开的是什么会议，开会的人哪里去了，那两个外国人是什么人，这些问题，都被李汉俊镇静地应付过去了。

警探们到处搜查，让此时在场的陈公博反而受惊不小。不过代表们已经离开，警探们也没有发现任何有罪证据。

党的初创时期，大家的保密观念很薄弱。当晚，代表们集中到李达家商议对策，虽然不知道什么环节出了问题，但大家一致认为会议不能在上海举行了。

李达夫人王会悟说："如果在上海一时找不着适当的地点，可以到我的家乡去。我家住在浙江嘉兴的鸳鸯湖边，从上海去只需一个多钟头的火车旅程。鸳鸯湖风景幽美，我可以去雇好一艘大画舫，我们一面游湖一面开会，大家的住宿也好办，在那里开几天会也不成问题。"

鸳鸯湖，就是我们后来所说的嘉兴南湖。王会悟的提议得到了大家赞成。

第二天清晨，代表们分两批乘火车，早晨9点和10点到达嘉兴。因为马林和尼克尔斯基太显眼，不能去嘉兴。李汉俊虽然满不在乎，但也要随时应对巡捕房的调查，不便一起行动。而陈公博惊魂未定，不想再继续开会了。

后来张国焘回忆说，众人称陈公博真是个弱不禁风的花花公子。

上午10点左右，代表们先后到达嘉兴车站，在鸳鸯湖旅馆稍事休息后，登上了嘉兴湖畔的烟雨楼。此时，王会悟所雇的大画舫已经停在了湖边。

这是一个蒙蒙细雨的阴天，游人渐渐离去，秀丽的南湖格外清静幽雅。

33. 烟雨楼

1921年7月31日上午，浙江嘉兴南湖，天阴、风清、微雨迷蒙。

十一位装扮各异的游客，在王会悟的陪伴下依次登上南湖边的烟雨楼，他们或西装革履或礼帽短褂，操着天南地北的口音，神情紧张地边观察边聊天。虽然天气溽热，但其中两个瘦高书生却依然身着长衫，在人群中显得格外突出。

两人站在烟雨楼上眺望远处，一道霞光穿过厚厚的乌云，打在湖面一艘红色画舫周边的水面上，湖面波光粼粼，远处雾霭氤氲。同行的嘉兴女子王会悟对两个年轻人介绍说："乾隆皇帝六下江南，八上烟雨楼，这是个指点江山的好地方。"

身着灰色长衫的青年，龙睛凤眼、长发中分，操着湖南口音。身着灰白长衫的青年，阔嘴大耳、板寸头楂，满口山东方言。两人虽似风华正茂的同学少年相携同游，但却互相听不太懂对方的方言，甚至连名字也刚刚对上号不久。加上两人神情

中共一大纪念馆展示的南湖红船图片（丁一鹤供图）

中共一大纪念馆展示的南湖红船内景图（丁一鹤供图）

紧张，时不时警惕地注视着每一个擦肩而过的游人，他们的窃窃私语也就时断时续。

微雨中的烟雨楼，看似轻松随意，但气氛紧张得能拧出水来。山东口音的大耳青年忍不住先开口问："毛大哥，前几天忙着开会，光知道您姓毛，别的没敢多问。俺是山东来的王瑞俊，您是哪里人？多大了？咋称呼您啊？"

听着这位山东兄弟的连续发问，龙睛凤眼的年轻人的回答也实实在在："我们都知道你，还给你起了个名字叫王大耳，倒是没刻意记你的名字。我是从湖南长沙来的，清光绪十九年（1893年）出生，属小龙，你就叫我润之吧。"

山东青年接话说："我是戊戌变法那年（1898年）出生的，属狗，比您小5岁，以后我就叫您大哥吧。看您打扮像个先生啊，您是教书的？"

"我是湖南第一师范毕业的，算半个教书匠吧，你呢？"毛泽东反问道。

王瑞俊一下子找到了知己，兴奋地说："太巧了，我正在山东第一师范读书，是个读书郎。我离开山东诸城老家大北杏村的时候，写过一首诗，我背给您听：谁主沉浮问苍茫，古往今来一战场，潍水泥沙挟入海，铮铮乔有看沧桑。我得给您解释一下，我家村边流过的潍河是个古战场，著名的潍水之战就发生在这条河上，当年淮阴侯韩信筑坝潍水斩杀龙且，天下大定。我和邓恩铭在山东组建共产主义小组，也是为了给山东老百姓打造一个朗朗乾坤。"

见这个大耳青年热情直爽，毛泽东微微一笑："我当年离开韶山冲去长沙求学的时候，也写过一首小诗，跟你的诗的意思差不多，我也背给你听听：孩儿立志出乡关，学不成名誓不还。埋骨何须桑梓地，人生无处不青山。我看你鼻直口方、大耳垂轮、一脸正气，以后我还是跟大家一起，就叫你王大耳吧。"

"毛大哥锐气十足，气贯长虹，大气磅礴，好！"王瑞俊激动地双手一拍，不知道是说毛泽东的诗好，还是说"王大耳"这个名字好。

两人正热火朝天地谈诗论道，邓恩铭走过来戳了两人一把："走吧，你俩别聊了，下楼上船开会了。不过，毛大哥给你起的王大耳这名，好记。"

两个正聊得起劲的年轻人立即停止谈话，匆匆下楼跟着年长的董必武、何叔衡等人鱼贯而出。此时，烟雨楼下的码头上，一艘红色画舫正在静静等待着他们。

接下来的事情，熟悉中共党史的人们都知道了。来自全国各地的中共一大代表，代表着全国57颗红色的火种，在这艘后来叫作"红船"的画舫里，庄重地用举过头顶的拳头，通过了中国共产党的第一部纲领。

因为时间紧迫，大家不约而同地加速讨论，集中研讨亟须解决的具体问题，很少长篇大论。在这些问题中，工人运动的问题讨论得比较详尽，主要的两项是如何组织工会和如何在工人中吸收党员。

下午 5 时，天气转晴，湖面上一艘汽艇向画舫急驰而来。

大家因有上海的经历而提高了警惕，立即藏起文件，桌上摆出麻将牌，装扮成游客。后来打听到这是当地士绅的私人游艇，大家才松了一口气，会议仍继续进行。

最后，选举中央领导机构，代表们认为目前党员人数少、地方组织尚不健全，暂不成立中央委员会，先建立三人组成的中央局，并选举陈独秀任书记，张国焘为组织主任，李达为宣传主任。

全部议程讨论完毕，大会宣告闭幕，并在画舫里举行了一个简单的闭幕仪式，由张国焘致闭幕词。张国焘兴奋地小声说："祝贺大会圆满成功，请各代表回到各地的岗位上，根据大会的决定，发展我们的工作和组织。"

所有参会的人都注意到了，此时南湖之上微雨初歇、云开雾散，波光粼粼的湖水映照着霞光满天。当然，他们中的大多数人并没有意识到，开天辟地的星星之火，从此便在中国大地上成燎原之势。

烟雨楼见证了历史，也见证了两个师范生友谊的开始。当然，他们两人此时并不知道，在另一条开往日本的航船上，与王瑞俊同龄的热血青年周恩来，在求学路上也写下了一首诗："大江歌罢掉头东，邃密群科济世穷。面壁十年图破壁，难酬蹈海亦英雄。"

百年之前三首年轻人离家求学的诗作，异曲同工。

天色已晚，众人离开红船来到烟雨楼下，眼看就要作别了，王瑞俊拉着毛泽东的手依依不舍地问："此去千里烟波，暮霭沉沉楚天阔，不知道润之兄下一步有什么计划?"

毛泽东慷慨激昂地说:"刚刚在大会上我们举手表决，我们的党定名为中国共产党，我们党的纲领第一条要求，革命军队必须与无产阶级一起推翻资本家阶级的政权，必须援助工人阶级。我们党现在没有军队，想夺取政权消除阶级压迫，那就必须首先援助工人阶级。我准备到安源的煤矿工人兄弟那里，发动他们消除阶级压迫。你呢王大耳，准备回去干些什么呢?"

王瑞俊立即回答说:"我跟你一样，回山东把受压迫受剥削的工人组织起来! 从今天起，我决定改名叫王烬美，就是燃烧自己，也要把这个世界温暖得美好起来。倘能有缘再次相见，当与润之兄举杯畅饮。"

"好，咱俩的名字一水一火，各自保重，有缘自能相见。"毛泽东挥手作别时，并没有告诉这个热情如火的王烬美，自己并不擅饮酒。

当天晚上，代表们走下画舫离开南湖时，湖面上已是暮霭沉沉，渔火点点。大家赶上晚车回到上海，已是午夜了。

34. 红色火种

相约建党，初心既定。

中国共产党的13位发起人相聚上海、同游南湖，建党初始就确立了鲜明的旗帜，规定了努力的方向，共产党人最初的信仰，从此开天辟地、星火燎原。

这次热血澎湃的相遇，让与会年轻人毛泽东、王瑞俊、邓恩铭等人，开启了为国家、为民族、为信仰奔走呼号的热血征程，他们的最初信仰和精神，映红了中国共产党创建之初的历史天空，映红了以后将会染满血迹和硝烟的猎猎党旗。

穿过历史的烟尘，我们遥望毛泽东与王瑞俊的四次相遇同游、两次携手建党，回望那些鲜为人知的青春往事，更仰望那个时代的热血追求、纯粹信仰。

在砥砺前行的革命道路上，他们的初心从未改变。今天的我们是不是要扪心自问，我们的初心还在吗？我们还会不会像他们一样，愿意为了信仰燃烧自己的生命和热血，烛照我们的前程？

　　在党的创建初期，很多史料中都列举了13名中国共产党的代表，但他们代表了哪些人，却一直没有给出一个具体的名单。

　　百年之后，"中国共产党早期组织及其成员研究"课题组经过严谨的调研，最终认定中国共产党早期组织成员共有58人，为了让历史记住他们的名字，我们列举如下：

　　上海14人：陈独秀、李汉俊、李达、陈望道、沈玄庐、邵力子、袁振英、林伯渠、沈雁冰、沈泽民、杨明斋、俞秀松、李启汉、李中。

　　北京16人：李大钊、张国焘、邓中夏、罗章龙、刘仁静、高君宇、何孟雄、缪伯英、范鸿劼、李梅羹、张太雷、朱务善、江浩、宋介、吴雨铭、陈德荣。

　　武汉8人：董必武、陈潭秋、刘伯垂、包惠僧、郑凯卿、张国恩、赵子健、赵子俊。

　　长沙6人：毛泽东、何叔衡、陈子博、贺民范、彭璜、易礼容。

　　广州4人：谭平山、谭植棠、陈公博、李季。

　　济南3人：王尽美、邓恩铭、王翔千。

　　旅法5人：张申府、刘清扬、周恩来、赵世炎、陈公培。

　　旅日2人：施存统、周佛海。

　　在这58名中共早期组织成员中，留学日本的有18人，北京大学毕业的有17人，其他大学毕业的8人，中师、中学毕业的13人。

在后来的革命征途中，这58名成员历经大浪淘沙，有21人牺牲（包括在革命岗位上病逝），有16人因各种原因脱党退党，有5人脱党后又恢复党籍继续参加革命工作，有8人被开除党籍。到革命胜利时，成为党和国家领导人的有毛泽东和董必武等4人。

在这个名单中，王尽美像家乡啼血的杜鹃鸟，成为13名代表中最早病逝在工作岗位上的革命先驱。

咳血而逝的王尽美，去世前嘴角上还带着最后一缕血丝。

35. 播火齐鲁

在上海，王瑞俊仿佛看到了他所憧憬的那个"尽善尽美"的世界。

回到济南之后，王瑞俊对王乐平和邓恩铭他们说："我改名了，从现在开始，请喊我的新名字，王烬美！燃烧自己，点亮这美丽的新世界！"

众人异口同声地说："这个名字大气磅礴！好！"

但王乐平拉着王瑞俊说："烬美这个名字火气太大，燃烧自己恐怕不大吉利，你再考虑考虑。"

王瑞俊毫不在乎地说："我不是原来的字叫灼斋嘛，才把名和字的意思相通，都带了个火字。既然王老师这么说，那就改叫王尽美，我们就是要追求尽善尽美的新社会嘛。不过，有时候也可以用一下王烬美嘛。"

王乐平笑了："王尽美这名字好，至于你个人愿意用带火字的名字，那是你自己的事儿。"

王尽美回到济南传达中共一大精神后不久，1921年8月中旬，领导工人运动的机构中国劳动组合书记部在上海成立。中国劳动组合书记部设立了北方分部、武汉分部、湖南分部、广东分部和山东分部。

山东分部的负责人为王尽美。

1921年8月底，在一大上被推选为中共中央局书记的陈独秀由广州回到上海。此时，中国共产党的工作方向，是通过劳动组合书记部集中全力领导工人运动。

在当时，中国共产党的领导人和各地代表，大多都是知识分子，对于开展工人运动没有任何经验。为此，陈独秀决定召开一次中央扩大会议，讨论如何推动工人运动。

1921年9月，刚刚离开上海不到两个月的毛泽东和王尽美，再次在上海重聚，参加中央扩大会议。这也是陈独秀第一次召集的扩大会议，史称"中央九月扩大会议"。

出席这次会议的除了毛泽东、王尽美外，还有上海代表李震瀛、袁达实，北京代表罗章龙、邓培，武汉代表许白昊，广东代表冯菊坡等10余人，共产国际代表马林出席了会议。

在这次会议上，王尽美与罗章龙再次相遇，兴奋之情难以言表。罗章龙在回忆文章中说：中共中央召集各地代表，在国际代表建议下在上海开会。毛主席和我都参加了。会议做了决定，决定在湖南、湖北、广东、山东、北方成立劳动组合书记部。湖南书记部主任是毛主席；湖北书记部主任是林育南；山东书记部主任是王尽美。

在这次会议上，除了毛泽东和罗章龙，王尽美接触的其他人都是新面孔。

这次会议共开了5天，经过讨论制订了一个工作计划，调整了中国劳动组合书记部北方分部组织机构及人选等问题。会议决定将山东分部与北方分部合并，调王尽美到北京工作。会后不久，山东分部于10月正式合并到北方分部，罗章龙仍担任北方分部主任，王尽美任分部秘书兼京奉铁路工会特派员。

王尽美离开之后，山东党组织由邓恩铭负责。

北方分部工作范围很广，管辖着北方12个省和16个大城市的工人运动。这次会议之后，全国第一次工人运动高潮随即到来。

王尽美回到济南后，在贡院墙根街的山东教育会内正式挂上了济南马克思学说研究会的牌子。除王尽美、邓恩铭、王翔千外，王志坚、王象午，以及王翔千的女儿王辩等50多人参加了研究会。

研究会人员中，王尽美给每个会员发一枚圆形瓷质徽章，上面有马克思的像。省立一中、省立一师、育英中学、省商业专科有三四十名学生参加了这个组织。

后来被确认为山东第一个女共产党员的王辩回忆说：当时我15岁，也跟着父亲王翔千参加了一些马克思学说研究会的活动。后来这些人大部分参加了中国共产党和社会主义青年团。

也就是在这次成立大会上，王尽美把他从上海带回来的《共产党宣言》首版本，发给了大家。其中一本辗转带到了广饶县刘集镇，并在这里成立了山东第一个农村党支部。而这部珍本历经烽火，最终保存了下来。

山东早期共产党员于佩文对马克思学说研究会记忆犹新，他回忆道：

> 据我所知，济南的青年学生接触到马克思主义，首先是由于《新青年》的介绍。但那只不过是概括的叙述，使人有个大概的印象，还不够系统。王尽美、邓恩铭二同志，到上海参加共产党成立大会归来，带回了一些党的宣传文件，如《共产党宣言》等小册子，在几个学校寄售。但这些文件一般中学生看起来还有些困难，流传得还不是很普遍。
>
> 1921年，我还在济南省立一中读书，那时学校有一个师生合办的刊物《一中旬刊》，由我主编。因为旬刊社单独有一间工作的屋子，比较方便，所以王尽美、邓恩铭等便常到这旬刊社里来。那时王尽美在省立第一师范读书，邓恩铭在第一中学。
>
> 某个晚上，他们二位又到旬刊社找我，谈到各学校青年对马克思主义的爱好时，王尽美主张由我们几个爱好马克思主义的人组织一个团体，一面我们自己可以互相交流，共同提高，一面可以把马克思主义向广大青年做系统的介绍。大家自然都同意了。关于名称的问题，我记得当时有人主张叫"马克思主义学会"，后来因为用"学说""研究"

等字样比较好一些，不致引起人们的注意，所以就用了这个名称。过了几天，又经过一番商量后便成立了。当时参加的人数并不多，也没举行什么隆重的形式。

就这样，《共产党宣言》被王尽美、邓恩铭带到山东后，就像一个火种，在齐鲁大地上蔓延开来。

为了落实上海会议精神，王尽美派王翔千到青州的山东省立十中，派王用章到博山矿区，在工人和学生中间传播马克思主义。

王尽美编写了多种顺口溜、歌谣，让大家分别在学校和工人中传唱。

穷汉白劳动，财主寄生虫。

人穷并非命，世道太不公。

农民擦亮眼，革命才天明。

王尽美也同样用这个曲调，为学生编写了歌谣：

反帝反封建，五四大运动。

打烂旧世界，民族才振兴。

同学快觉醒，革命学列宁！

1921年"五一"国际劳动节，马克思学说研究会还借省议会礼堂，召开了一次规模较大的庆祝会，与会者达到了1000多人，报社记者也来采访。

于佩文回忆说：

在马克思的诞辰日，还举行过一个纪念会，以加深群众对马克思的印象，并可以公开地宣传介绍马克思主义。我们几个都是发起人，在《平民日报》上刊登了启事，并借好了济南贡院墙根街的教育会礼堂作为会场。5月5日一早，纪念会便开始了。由王尽美主持，对马克思的生平做了简单介绍，说明大会举行的意义。我也把马克思主义的剩余价值、阶级斗争和无产阶级专政三部分，做了粗浅的讲述。还有几个人演说，已记不起是谁了。到会的人很多，多数是青年学生，教师参加的比较少，还有一部分工人。会后把情况在《平民日报》上做了宣传，我的那篇稿子也在《一中旬刊》上发表了。从此，有更多的人知道了马克思，知道了马克思主义。王尽美、邓恩铭二同志从上海带回来的一些有关马克思主义的小册子和马克思、恩格斯的相片、纪念章等，很快被人们抢购一空。

36.饭碗问题

1921年7月和9月，王尽美两次到上海参加共产党的会议，来回时间都要半个月左右。此时的王尽美虽然还在学校上课，但同时担任中国共产党山东支部的负责人，又兼任马克思学说研究会的负责人，还要经常到其他学校和工厂发动群众，演讲马克思主义。晚上回学校太晚，只能一次次翻越院墙，次数多了，不能不引起学校的注意。

此时的王尽美，既是学校领导眼里的危险分子，又是学生领袖，还在社会上有一定的影响，只要王尽美不搞出什么大动静，学校也就睁一只眼闭一只眼。

但是，从上海建党归来的王尽美，已经从埋头读书的学生向革命斗士转变。当时内忧外患的形势之下，济南的校园内始终学潮不断，血气方刚的王尽美已很难安心读书学习。

我们今天借用后来老舍先生当时的玩笑话，来形容当时的情况。老舍先生幽默地问校长："请问校长阁下，贵校学生是白天读书晚上革命呢，还是晚上读书白天革命呢?"

当时王尽美和邓恩铭等人领导下的学生，革命的热情大于读书的热情。

1921年初冬，王尽美在学校壁报栏内发表了一篇题为《饭碗问题》的讽刺文章，矛头直指一师的校长、学监，称他们搞教育只是混饭吃。

一个学生把矛头指向校长和学监，毫无疑问是"逆龙鳞"。学校权衡许久，最终将王尽美开除学籍。

此时的王尽美内心强大，他打起铺盖卷，住进了王乐平的齐鲁书社。

王尽美的这篇《饭碗问题》，最终砸了自己的饭碗。他不能继续在一师吃饭，只能在王乐平那里勤工俭学，靠王乐平和王云樵等人接济，经济上自然不会宽裕，饥一顿饱一顿。

今天看来，当时参加革命的先驱们，像王尽美这样赤贫的读书人是极少的。陈独秀在北大担任文科学长的时候，月薪是300元大洋。毛泽东在北大图书馆每月也有8块大洋。即便是王尽美最亲密的战友邓恩铭，他的叔叔是益都县县长，经济上也不会差。

在这些革命者中，只有王尽美随时面临着饭碗问题，缺乏营养加上没日没夜的操劳，也是王尽美后来身体虚弱患上肺痨，导致英年早逝的原因之一。

至今，我们没有查到1921年冬天，时任山东省立一师的校长是哪位。在此之前，山东省立一师的校长是鞠思敏，但在王尽美他们闹学潮之后离开了一师。在王尽美被学校开除之后的1922年，山东省立一师附小校长王祝晨接任省立第一师范校长。

继任校长王祝晨是鞠思敏的同班同学，做过前清的七品京官，为探索教育救国之路曾赴日本参观学习，与鞠思敏创办多所学校。当时学生们喜欢给老师起绰号，只是亲切和爱戴，并没有不尊敬的成分。王祝晨因体态胖大、意志坚强，因此得了一个绰号叫"王大牛"。

新任校长王祝晨，实际上已经对王尽美闹学潮时提出的问题做出了改变。他担任一师校长期间，大力推广新文化运动，主编《一师周刊》《文化新介绍》，被时人称为"山东的胡适之"。后来，王祝晨还参加过北伐军，参与领导曲阜省立二师排演《子见南子》一剧，反对封建礼教，一时轰动全国。新中国成立后，王祝晨成为第一届全国人大代表，担任过山东省政协一至三届副主席。

王祝晨培养的学生有很多人成为著名学者，比如臧克家、季羡林、欧阳中石。1923年夏天考入省立一师的臧克家，在回忆王祝晨的文章中写道："我们的老牛校长闯关似的，闯过了辛亥革命、五四运动、1927年大革命、抗日战争、解放战争，抗因袭照搬，开一代新风，艰苦奋斗、不屈不挠地站在自己的岗位上，一站就是数十年，这是容易的吗？这是人人能办到的吗？我亲爱的老牛校长，我忘不了你给我的思想教育，我常常因为想到你而产生一种精神力量。"

只是，闯过一关又一关的王祝晨，在时代先锋王尽美眼里，也许还是一头慢吞吞的"老牛"。

此时已经23岁的王尽美，在共产主义的指引下已经凤凰涅槃，成为一名职业革命者。

37. 下北洋

　　从把铺盖卷扔到齐鲁书社的那个时候起，青年学生王瑞俊变成了职业革命者王尽美，此时他的内心没有恐惧和自责，而是像冲浪者那样迎着惊涛骇浪而去。

　　就像毛泽东所写：到中流击水，浪遏飞舟。

　　在齐鲁书社里，王尽美正式建立了中国共产党济南地方支部，直属中央领导，王尽美担任书记。之后，王尽美又安排邓恩铭、王翔千等党员骨干，在胶济铁路沿线的青岛、淄博、益都等地相继建立了党的组织。

　　与此同时，王尽美筹备成立了中国劳动组合书记部山东支部，创办了《山东劳动周刊》。

　　1921年年底，离开学校不久的王尽美接到中共中央的指示，选派代表到苏俄参加共产国际召开的远东各国共产党及民族革命团体第一次代表大会。

　　接到通知后，刘仁静来到济南，与王尽美协商选派代表事宜。通过刘仁静的介绍，王尽美了解到这次大会的一些背景情况。

第一次世界大战后，美、英、日等战胜国为重新瓜分远东和太平洋地区的殖民地和势力范围，准备在华盛顿召开会议，邀请中国代表参加。

刘仁静告诉王尽美："华盛顿会议的这个消息，今年7月就已经传出来了。但当时我们正在召开党的一大，接下来又在上海召开中国劳动组合书记部的会议，无暇分神关注华盛顿会议。但在今天看来，这个华盛顿会议实质上是巴黎会议的继续，主要目的还是要解决列强在中国的利益冲突。"

王尽美一拍脑袋说："哎呀，我记起来了，王乐平先生接到通知，要去参加这个华盛顿会议，过几天就要去美国，我赶紧拦住他，让他别再去参加这个丧权辱国的会议。"

刘仁静催促说："赶紧拦住王乐平先生，他是陈独秀先生的好朋友，不能稀里糊涂被别人当枪使。最近，中共中央在共产国际的指导下，已经对华盛顿会议展开了强烈的批判。这次共产国际在苏俄召开远东会议，就是号召全世界共产主义的力量，共同抵制这个华盛顿会议。你们赶紧定下与会代表名单来，做好到苏俄去的准备。"

此时，已经离开学校的王尽美心无挂碍，加上十月革命的圣地苏俄对王尽美有着朝圣般的吸引力，很快，王尽美确定了他和邓恩铭、王象午以及工人代表王复元等四人参加会议。最后，王尽美想了想说："我去做做王乐平的工作，阻止他参加那

1921年11月12日至1922年2月6日，美国、英国、日本、中国、法国、意大利、荷兰、比利时、葡萄牙九国在华盛顿召开会议（史称华盛顿会议）。会议通过《九国公约》，肯定了美国提出的"各国在华机会均等"和"中国门户开放"的原则，以遏制日本独占中国的势头，确认帝国主义列强共同统治的局面（王尽美纪念馆供图）

个分赃的华盛顿会议，要让他跟我们一起到苏俄去，感受一下布尔什维克的力量。"

随后，王尽美找到正要动身去美国华盛顿参加会议的王乐平，把其中的道理掰开了揉碎了讲给王乐平听。王乐平听完之后，果断地说："这种分赃的会议，我断然不能去，就让北洋政府的政客去丢人吧。上次五四运动我们带头反对的就是卖国，这次要不是你提醒，我反而跟着他们去开这个卖国会议了。这种会，打死都不去。"

王尽美连忙说："那你跟我们一起去苏俄吧！"

王乐平说："你们是共产党，我又不是，我怎么能去呢？"

王尽美说："这个会议不只共产党，还有各国的民族革命团体，你们国民党也是革命团体啊。"

王乐平果断地说："好，我跟你们去！"

听完王乐平的话，王尽美喜上眉梢。但接着脸色又阴沉下来："我们几个都是没经验的年轻学生和工人，你也没去过苏俄，咱们怎么去啊？"

王乐平得意地一笑说："这就没经验了吧？我教你一绝招保准管用。"

王尽美连忙问："什么绝招，赶紧说说。"

王乐平卖了个关子问："你知道杨明斋怎么去的苏俄吗？"

王尽美一拍大腿说："我想起来了，当丝绸贩子！杨明斋老家平度的，他家离昌邑近，我记得当年他就是背着昌邑丝绸下关东去的苏俄，赚了路费还有结余呢。"

王乐平说："对啊，咱们山东到俄罗斯有一条丝绸之路，咱们老家的人叫下北洋！很多丝绸从俄国转卖到欧洲各国，丝绸在欧洲可是硬通货啊。"

王尽美高兴地说："这是一条红色的丝绸之路啊，我们四个人扮作伙计，你年龄大，就扮作老板，咱们赶紧各自准备吧，一起下北洋。"

1921年11月12日，延续巴黎和会瓜分中国权益的华盛顿会议正式召开，又称太平洋会议。这次会议确认了中国"门户开放"、列强在华"机会均等"的原则。但此时的华盛顿会议，已经远远没有巴黎和会那样受到国人关注。因为此时，年轻的中国共产党已经进入共产国际阵营，对帝国主义发出了怒吼。

毋庸讳言，在中国共产党的初创时期，共产国际和驻华代表在中共中央的一些重大决策中，起到了决定性的作用。共产国际对中共实行的是集权制的领导，共产国际驻华代表对中共中央实行的是干涉式、密集式的指导。

其时中国的党组织处于两难的境地：中共不得不完全依附于共产国际，但希望保持一定的独立性；早期中共领导人也有一种矛盾心理，既抗拒共产国际，又不能不配合。

在中国共产党早期的历史上，马克思主义中国化经历了一个艰难曲折的过程。从党的成立到遵义会议前，中共中央召开的多次会议通常遵照共产国际的指示和决议，而且每次会议中都有共产国际代表出席。直到遵义会议之后，以毛泽东为核心的中共中央第一代领导集体，对共产国际和苏联领导人的指示，开始采取正确的就执行、错误的就抵制的态度。而恰恰是这种选择性执行的办法，让马克思主义真正实现了中国化。

38.远东盛会

1922年冬，王尽美等一行五人背着昌邑丝绸出山海关、奔哈尔滨，11月1日到达满洲里。

满洲里位于中俄边境的中国境内，是一个俄国式的小市镇，商店旅馆等多由俄国人经营。

张国焘在《我的回忆》中详细记录了由满洲里出境的过程：按照事先约定的方法，张国焘先找到某理发店去理发，用纸包着一件待洗的衬衫，将一张神秘的名片放在衬衫袋内，理完发以后，故意将这包东西遗留在理发店里。张国焘在街道上逛了一遍之后，再回到那间理发店去取回这包东西。理发店老板将衬衫交还给张国焘，却将名片取走，并让张国焘在旅馆中等候。

当晚近9点钟的时候，老板和驭手驾驶一辆两匹马拖拉的雪橇车，拉着张国焘向中俄边界疾驰而去。大约午夜，他们走到了离满洲里18公里的一个车站，这里已经是俄国的辖境了。在零下30摄氏度的寒夜中，他们领着张国焘来到一节停在车站的车厢里。

车厢里，已经有十几位中国各团体参加这次会议的代表，以及几位日本、朝鲜的代表。这些人中就有王尽美和王乐平他们。

从满洲里进入苏俄之后，他们乘火车到达伊尔库茨克，最后转车抵达莫斯科。

1月21日至2月2日，共产国际在莫斯科的克里姆林宫，召开远东各国共产党及民族革命团体第一次代表大会。出席大会的有中国、朝鲜、日本等国代表。中国共产党、中国社会主义青年团、中国国民党以及中国的工人、农民、学生、妇女等革命团体的代表参加大会。

大会期间，王尽美、王乐平等人填写了一份调查表，在这份调查表上，王尽美在"属什么党派或团体"一栏填写的是"中国共产党山东部"。而王乐平和邓恩铭填写的是"中华共产党"。

参加这次大会的各国代表148人，其中有中国代表44人。会议记录只提供了少数几个中国发言者的名字，并且是化名。

但在后世的考证中，我们可从这些名字中看到很多熟悉的名字：张太雷、柯庆施、瞿秋白、张国焘、萧劲光、刘少奇、任弼时、林育南、俞秀松、罗亦农、黄凌霜、高君宇、贺衷寒。

其中的高君宇、贺衷寒都来自李大钊麾下。

1920年3月，李大钊带领高君宇和邓中夏等北大19名学生秘密组织了马克思学说研究会，同年10月北京共产主义小组成立时，高君宇是主要成员，同时还在组建北京社会主义青年团

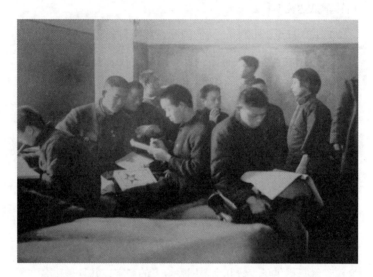

这张珍贵的历史照片是从俄罗斯历史档案中找到的王尽美等人参加远东会议的合影，也是王尽美（左二）、王乐平（左三）、邓恩铭（左五）唯一的合影（王尽美纪念馆供图）

后，当选为北京团组织的第一任书记。

而贺衷寒的同期同学中，还有王乐平和王尽美等人推荐的黄埔一期学员王叔铭、刁步云、李延年、李玉堂、李仙洲等人。其中王叔铭和刁步云两人来自山东诸城的相州镇。

高君宇回国后，到广州出席了中国社会主义青年团第一次全国代表大会，被选为团中央委员。在党的二大上被选为中央委员。1923年2月，京汉铁路工人大罢工后，高君宇、罗章龙等人领导了长辛店工人大罢工。此后，王尽美领导了山海关工人大罢工。

后来，高君宇受党的委托，曾担任孙中山的秘书。冯玉祥在1924年10月发动"北京政变"，电邀孙中山北上，高君宇随同孙中山抵京。高君宇本来就有肺病，经常咯血，1925年3月5日突患急性阑尾炎病逝，年仅29岁。

年龄定格在29岁的高君宇是山西第一个共产党员。而同年因肺病咯血而逝的王尽美是山东第一个共产党员，他们同时参加远东国际会议，后来又成为工人运动的早期领导人。

在张国焘关于远东国际的回忆中，还特别提到"山东省各团体的代表是前山东省省议会议长王乐平，他曾在上海各界联合会和我共同工作过，后来成了著名的国民党员"。

中国代表团在报告中，专门介绍了王尽美等领导下的山东工人运动情况。

这次远东国际会议，揭露了为协调各帝国主义国家在远东利益而举行的华盛顿会议的反动实质，总结了远东各国人民开展革命斗争的情况和经验。大会根据列宁关于民族殖民地问题的理论，阐明了被压迫民族所面临的反帝反封建的历史任务。

会议期间，列宁抱病接见中国的一部分代表，勉励中国工人阶级和革命人民团结一致，推动中国革命向前发展。

因此，后世有人猜测列宁接见过王尽美，但至今没有确切证据。

在张国焘的回忆中，列宁接见了国民党代表张秋白、工人代表邓培和中共代表张国焘三位中国代表，一同去克里姆林宫见列宁的还有朝鲜代表金奎植。

张国焘在回忆这个情节时说：列宁很直率地表示，他对中国的情形知道得很少，只知道孙中山先生是中国的革命领袖，但也不了解孙先生这些年来做了些什么，因此不能随便表示意见。他转而询问张秋白，中国国民党和中国共产党是否可以合作。张秋白并未多加说明即做肯定表示：国共两党一定可以很好地合作。

列宁旋即以同样的问题问张国焘，并希望张国焘能告诉他一些有关中国的情形。张国焘告诉列宁，国共两党应当密切合作，而且可以合作；两党合作的进程中可能发生若干困难，不过这些困难相信是可以克服的；中国共产党成立不久，正在学习着进行各项工作，当努力促进各反帝国主义的革命势力的团结。列宁对于张国焘的回答，似乎很满意，并没有继续问下去。

这次简单的会见，持续了约两个小时。谁也没有意识到，列宁的问话颇有深意。一年之后共产国际代表就向中国共产党的主要负责人陈独秀提出了国共合作问题，并在党的三大上确定，共产党员可以个人身份加入国民党。

1922年2月2日，大会在列宁格勒大剧院落下帷幕。

会后，王尽美和部分中国代表团成员留在苏俄，进行了三个多月的参观考察，在工厂、机关、学校，看到了十月革命后欣欣向荣的美好景象。与此同时，苏俄遭遇严重的饥荒，王尽美和代表们每天只能领到200克黑面包，但王尽美依然忍饥刻苦地学习了马列主义理论。

与此同时，王尽美跟着苏俄的朋友学会了俄语版的《国际歌》。从此他坚信，英特纳雄耐尔，一定会实现。

1922年5月，王尽美回到济南之后，立即赶回了老家。因为他和王乐平去苏俄的消息，都刻意地没有事先告诉家里人，王尽美的祖母和王乐平的母亲，正艰难地迈着小脚走在乡间小道上，去对方家里打探各自亲人的消息。

断绝联系的亲人正在家里以泪洗面，王尽美终于在布谷鸟的叫声中赶回老家。此时，打麦场上的麦子已经晒干，地里的玉米刚刚抽出新绿。

王尽美离开家乡回济南的时候，将他在苏联时用过的线毯送给表姐郑明淑。王尽美是独生子，母亲把表姐郑明淑收为养女，他与表姐一起长大情同姐弟。王尽美在外奔波的岁月里，正是表姐陪伴着祖母、母亲，帮助王尽美的妻子李氏照顾着两个孩子。

解放后，王尽美的表姐将线毯和饭盒交给山东省政府，成为王尽美仅有的遗物，现存青岛市博物馆。

此时，王尽美的长子王乃征已经三岁，也已经隐隐约约开始记事了。而他的次子王乃恩，才刚刚出生。

39. 大槐树下

从1922年春天开始，根据中央局的指示，从苏俄回国的王尽美把工作重点放在发展党组织和工人运动方面。除济南和青岛外，烟台、淄博、青州、潍县、寿光、广饶等地都建立起了党团组织。

从1921年5月1日开始，北京共产党早期组织在长辛店建立了工人俱乐部。工人运动自北而南影响逐渐展开，各地纷纷派代表前去参观，回去之后也仿效长辛店组织起了工人俱乐部。

1921年5月1日，为了促进山东工人运动，王翔千、王尽美、王复元等人创办了《济南劳动周刊》。该刊在创刊宣言中声明：我们出这周刊为的是促进一般劳动者的觉悟，好向光明的路上去寻人的生活。

济南工人运动的第一家，是当时济南最大的工厂津浦铁路济南机车厂，老百姓又叫大槐树机车厂。这家工厂是清政府1910年向德国借款建立的，主要是修理津浦铁路北段的客货机车。

就是这样一个有职工1000多人的大工厂，工人都住在连片的窝棚区，每天工作十几个小时，也不过几毛钱的收入，仅能维持基本的生存。1921年6月，在济南，王尽美、王荷波等人首先做通了大槐树机车厂架工车间监工刘俊山的工作，随后他们联合各车间的监工，在北大槐树街租了5间房子，购置乐器，建起了机车厂工人俱乐部。

监工们认为，搞俱乐部无非是吹拉弹唱，不算是什么政治活动，而且还可以把工人笼络起来，是件很好的事情。其实监工们并不了解内情的是，这是共产党早期组织在工厂开展工作的一种入门方法，主要目的是把工人组织起来。

机车厂办起了工人俱乐部，建立工人补习学校，但不久之后就被下令封闭。普通工人刚刚看到的欣欣向荣的景象，很快就被消灭，随之而来的是更加残酷的剥削和压榨。

随着劳动组合书记部山东分部的成立，王尽美找到机车厂工人俱乐部的骨干，团结了上百名积极分子，准备在机车厂工人俱乐部的基础上，建立大槐树机车厂工会。

1922年6月18日，中国劳动组合书记部北方执行部主任罗章龙来到大槐树机车厂俱乐部，与王尽美一起筹备成立了大槐树机车厂工会。

这是中国共产党领导下的山东省第一个产业工会。

与此同时，王尽美代表中国劳动组合书记部山东支部在《山东劳动周刊》创刊号上发表贺词。王尽美指出：大槐树这个机车厂的工人千余名，因不堪受厂长监督等层层的压迫，已早有固结团体以谋自身利益的倾向，只以时机未至，是以隐忍未发。今该厂工友已觉悟至此，经几个很明白的工人出来一提倡，遂全体赞成。各部举代表数人，于下午2点开会，到会者数百人，讨论3小时之久，结论先选出临时职员负责，一面自筹会务的进行，一面与各大铁路联络。誓不达到恢复职工学校、减轻工人的压迫的目的不止。

在贺词中，王尽美欣喜地说：好了！好了！劳动界的一线曙光，放到我山东来了。

1922年7月，王尽美在大槐树广智院组织济南工友读书会。在这个基础上，王尽美一方面发动工友们消极怠工给厂方施加压力，一方面组织工人请愿代表团到天津的津浦铁路局请愿，提出年终分红、发放工作服、工人伤病治疗不扣工钱等12条要求。

但这12条工友们的基本生存要求，被津浦铁路局拒绝了。

代表们回到济南一说，1000余名工人立即展开罢工，厂方不得不连续三次向天津的铁路局告急。直到罢工第七天，第三批请愿团到达天津后，津浦铁路局最终不得不答应了大部分条件。

大槐树机车厂工会是山东第一个产业工会。王尽美他们领导的罢工，让王尽美看到了工人团结起来的力量，也促使王尽美把济南的罢工成果，迅速传播到了山东中部的淄博地区。

40. 淄博的由来

　　鲜为人知的是，今天的山东省淄博这个名字，是王尽美起名并固定下来的。

　　鲁中名城淄博在叫淄博之前，分成了张店、临淄、周村、淄川、博山五个梅花状连片城市区，有着各自不同的特点。

　　淄博是历史悠久的国家历史文化名城，沿着胶济铁路自东往西排开的城区中，临淄是春秋战国时期齐国的国都，世界足球起源地，齐桓公、管仲、稷下学宫都在这里。今天的中心城区张店又叫黄桑店，原为东周燕将乐毅封地昌国。西部的百年商埠周村是著名的旱码头，我们看过的电视连续剧《大染坊》就是发生在周村的故事。

　　1945年8月淄博特区成立，此为"淄博"成为政区名称之始。但早在1922年，淄博作为一个地区的名字就已经由王尽美写入了中国共产党的文献中。

　　起初，淄博之所以叫淄博，是因其由淄水边的淄川和南部的博山组成。当时，淄川和博山矿区，是全国三大矿区之一，有矿工3万余人，是当时山东最大的煤矿区。东西走向的胶济铁路，在淄博往南伸出一根40千米的血管，在这条铁路支线的终点就是淄川博山的煤矿。

中国共产党成立后，集中主要力量组织领导工人运动。淄川、博山矿区自然就是王尽美关注的焦点。

1921年冬，王尽美参加完上海举行的中国劳动组合书记部会议后，就邀请罗章龙到张店、淄川、博山的煤矿、铁路、车站、工人居住区，实地考察铁路、矿山等产业工人生活情况，宣传马克思主义的学说和理论，发动各地组织工会。

这是共产党人第一次来到淄川和博山地区开展革命斗争。

1922年6月，中国劳动组合书记部山东分部成立后，王尽美先派王用章到淄博矿区开展矿工运动。6月18日，王尽美和罗章龙在济南成立大槐树机车厂工会后，王尽美告别罗章龙，立即赶到淄博矿区，和王用章一起到淄川、十里庄、南旺、大昆仑、南定等矿区工人中，了解工人的劳动生活状况，倾听工人的呼声和愿望，并向工人们宣传革命道理，启发工人们建立工会，谋求自身解放。

王尽美极富口才，在宣传发动中每次都不遗余力地启发工人，只有组织起来与资本家斗争才能获得自己的利益，他专门为工人写了歌谣，配上《苏武牧羊》的曲调教工人传唱：

　　　　工人白劳动，厂主寄生虫。

工人无政权，世道太不公。

工人站起来，革命打先锋。

因为刚从苏俄回来，王尽美分析工友们痛苦的根源来自资本家的剥削，并对什么是"剩余价值"、什么是"剥削"等马克思主义理论问题，用工友们身边的事例进行解释。

经过一周的宣传发动，6月25日下午7时，淄川、南定、博山一带的煤矿工人代表250多人，在洪山镇马家庄机器图算学校院内，召开了矿业工会发起会。会议选举成立了淄博第一个工会组织山东矿业工会淄博部，通过了工会章程。

山东矿业工会淄博部是山东建立的第二个工会组织，唤起了广大矿工团结斗争的意识。

7月9日，王尽美在《山东劳动周刊》第一号上发表《矿业工会淄博部开发起会志盛》一文，介绍了矿业工会淄博部成立的情况，同时又为该刊发表的工人傅长义的信加了"尽美附记"。

《矿业工会淄博部开发起会志盛》一文，不仅仅是一篇工人运动的战斗檄文，此文的另一个意义是，"淄博"原为淄川、博山两地的合称，在这篇檄文中，第一次作为一个地区名称出现在历史文献资料中。从此，"淄博"这个由党的一大代表王尽美亲自提出的名字，逐步发展并固定下来。后来，中共淄博特委成立，淄博作为党的区域组织名称确定下来。1945年8月，鲁中行政公署淄博特区成立，淄博从此成为行政区域名称。

这里还要插一个闲笔，就在王尽美在博山建立工会组织的同时，1922年8月16日，后来成为县委书记榜样的焦裕禄，出生在博山县北崮山村。

淄博地区的很多工厂建立了工会组织，极大地维护了工人的权益。1923年8月，正在青岛与邓恩铭一起工作的王尽美，得知淄川鲁大公司裁人事件后，立即与邓恩铭商议发动工人进行斗争。随后，王尽美赶到淄川矿区，了解情况后，他愤怒地对工人们说："为什么我们辛苦劳动创造了大量财富反而吃不饱穿不暖？这是因为我们创造的财富被强权者夺去了！

"别看你们身上沾满炭泥，可是这两只手却能创造世界万物。创造世界的劳动者，受此待遇，太不公平了！"

王尽美与工人兄弟情同手足，工友们说："王特派员代表我们的利益，我们跟他走！"

在王尽美的领导下，淄川矿业工人多次取得了对抗资本家裁人、减薪斗争的胜利。

1924年11月，孙中山为了准备在北京召开中国共产党倡议和支持的国民会议，委派王尽美、王乐平、阎容德和王哲为国民会议宣传员特派员，发动山东各人民团体、各政党促成会议的召开。

王尽美此时已身患肺病，但仍然利用国民会议宣传员特派员的合法身份，带病奔波于各地，宣传党的主张，组织发动群众。1925年2月，王尽美在成立起青岛国民会议促成会后，又与王哲一起到淄博组织成立了国民会议促成会，并召开群众大会，发表演说。

王哲注意到，王尽美每次演讲的时候，喉咙里总像个风箱一样喘着粗气，他随身带的白手帕上，总是血滴点点。王尽美也总是笑笑说："看，多像我老家山上的杜鹃花。"

41. 谁是我们的敌人

　　1922年7月，王尽美接到通知，党的第二次全国代表大会在上海召开。一想到马上就能见到五四运动同时也是党的领袖陈独秀，以及毛泽东、罗章龙等革命战友，王尽美迫不及待地立即启程南下。

　　但到了上海之后王尽美却有着微微的失望。从1922年7月16日到23日，在整个党的二大期间，王尽美在会场上见到了北京代表罗章龙和杨明斋等很多老面孔，也见到了陈独秀、谭平山等新面孔，唯独没有见到故人毛泽东。

　　王尽美以中共济南地方组织和远东各国共产党及民族革命团体第一次代表大会代表的双重身份出席了大会。

　　出席会议的代表共12名，代表全国195名党员。这些代表能列举出名字的是：中央局委员陈独秀、张国焘、李达，上海的杨明斋，北京的罗章龙，山东的王尽美，湖北的许白昊，湖南的蔡和森，广州的谭平山，中国劳动组合书记部代表李震瀛，中国社会主义青年团临时中央局代表施存统。

这份代表名单中只有11人，很多党的史料中都特别注明"有一名代表姓名不详"。但在关于早期工人运动领导人邓培的相关史料中，又明确记载"邓培列席了中国共产党第二次全国代表大会"。

邓培是中国共产党创建时期的党员，中国工人阶级的杰出代表，早期工人运动的领袖和著名活动家。1920年4月，北京马克思学说研究会成立，李大钊派罗章龙到唐山与邓培联系，吸收邓培加入研究会。1921年5月邓培担任唐山社会主义青年团书记，随后加入了中国共产党，9月又成为中国劳动组合书记部北京分部成员。1922年1月邓培跟王尽美一起出席了第三国际在莫斯科召开的远东各国共产党及民族革命团体第一次代表大会，并作为工人代表与共产党代表张国焘一起受到列宁的接见。

邓培回国之后，在罗章龙的引领下一起参加党的二大，传达来自苏联和列宁的声音，应该是可能的。

邓培不是事先拟定的正式代表，而只是列席党的二大，也许是因为这个原因没有列入与会名单中，也就没有留下文字记载。党的二大上这位姓名不详的代表，会不会就是邓培呢？这需要党史专家进一步通过扎实证据进行核实。

在这次会议上，王尽美与老朋友罗章龙同住一室秉烛长谈。后来罗章龙回忆王尽美时称赞王尽美："很有抱负，谦虚好学，诚挚亲切。生活极其俭朴。生平行谊，重研究务笃实，宣传与组织均为其所特长。"

1922年7月16日，中共二大在上海拉开帷幕。举行会议的南成都路辅德里625号，当时是李达和王会悟的寓所。代表开会时，王会悟带着女儿在会场门口放哨。因为王会悟参与了一大与二大的会务工作，当时被大家戏称为"会务王"。

这次会议代表共12名，代表着全国195名党员。从苏俄赶来的共产国际代表维经斯基也出席了会议，王尽美、张国焘等人到苏联参加远东国际大会时，维经斯基曾从远东一直陪伴中国代表团到达莫斯科，是他们的老熟人。

中国共产党在成立后，运用马克思主义探索中国社会和中国革命的实际问题，得出的结论是：中国人民所受的最大痛苦，不是一般的资本主义剥削，而是帝国主义压迫和封建军阀统治。因此，党的二大第一次明确提出彻底反帝反封建的民主革命纲领，"打倒列强、除军阀"随即成为全国各族人民的共同呼声。

后来，由国民革命军第四军政治部主任、共产党员廖乾五作词，借用儿歌《两只老虎》曲调所作的《国民革命歌》，在中华大地上广泛传唱。歌词第一句便是"打倒列强、除军阀"。

"谁是我们的敌人？谁是我们的朋友？这个问题是革命的首要问题。"这是《毛泽东选集》开卷篇的第一句话，足见这个问题是关乎革命成败的大问题。党的二大宣言，对这个问题进行了初步解答。

在为期8天的会议上，为了贯彻民主革命纲领，党的二大通过了9个决议案。其中，《关于"民主的联合战线"的议决案》

号召全国工人、农民团结在共产党的旗帜下进行斗争，同时提出联合全国一切革命党派，联合资产阶级民主派，组织民主的联合战线，并决定邀请国民党等革命团体举行联席会议，共商具体办法。这是党最早提出关于统一战线的思想和主张，改变了党的一大文件中不同其他党派建立任何关系的规定。

党的二大，制定通过了党的历史上第一部正式的党章，第一次明确了中国共产党与共产国际的组织关系——中国共产党为国际共产党之中国支部，第一次明确阐释了党的民主集中制原则的基本思想，通过的《关于妇女运动的决议》是中国妇女运动史上第一个以政党名义做出的关于妇女问题的决议。

中共二大通过的《中国共产党第二次全国代表大会宣言》最后明确标注："中国共产党万岁！""国际共产党万岁！"这成为"中国共产党万岁"这句令人耳熟能详的口号有据可查的最早出处。

后来，陈独秀在党的三大闭幕词中指出，党的一大时"还没有纲领，甚至没有规章，党的要求无产阶级专政悬在半空"，到二大时"就脚踏实地了，有了规章，找到了与中国实际的联系并决定了党要走的道路"。

党的二大距离一大仅仅一年时间，就在建党的战略和策略上取得了重大突破，不仅为中国革命指明了正确方向，找到了实现政治纲领的途径，还使党的思想建设和组织建设前进了一大步。从这个意义上说，二大更完整地完成了党的创建任务。

党的二大之后，中国革命的形势向着更清晰的道路前行。

党的二大之后一年的时间里，全国爆发的罢工斗争达100多次，参加罢工的工人达30万人以上，工人的政治觉悟迅速提升，组织程度也明显提高。与此同时，党领导的农民、青年、妇女运动也展现出全新的面貌。

42．劳动法大纲

　　二大召开之前，根据组织要求，王尽美在1922年5月正式
建立了济南地方党组织。中共济南独立组成立后，王尽美担任
组长，共有党员9人。

　　二大闭幕后，王尽美作为中国劳动组合书记部山东分部主
任，和广东代表谭平山留在上海的中国劳动组合书记部工作。

　　1921年8月11日，中国劳动组合书记部在上海成立，负责
领导中国工人运动。1922年5月1日，在广州召开的第一次全国
劳动大会上，邓中夏被选为书记。1922年夏天第一次直奉战争
结束，吴佩孚控制的北京政府宣布"重开国会，制定宪法"，邓
中夏准备利用这个机会，在全国范围内组织开展劳动立法运动。
二大之后，王尽美留在上海的主要工作，是与全国各地的工人
运动领袖一起，起草一份关于劳动立法的请愿书。

　　按照组织要求，各地的工人运动领袖纷纷从全国各地赶到
上海。

当参与起草这份请愿书的各地负责人陆续赶到上海时，王尽美大喜过望。湖南劳动组合书记部主任走进房间的时候，王尽美惊喜地大喊一声："润之兄！你想死我了！本以为二大会场上能见到你，你哪里去了？"

毛泽东欢然一笑说："原来是王大耳啊，我本想出席党的二大，却忘了开会的地址，来上海也没能找到任何同志，所以就错过了这次盛会。"

后来，在与美国记者埃德加·斯诺谈话时，对于没能参加二大的原因，已经成为党的领袖的毛泽东，明确地说出未能参会的原因，是他忘记了开会的地址，到上海找了一圈儿没找到，又回了湖南。

毛泽东之所以没有找到会议地址，正是因为党的一大时还不太注意保密，一大会议地址的暴露引起了大家的重视，所以在党的二大召开时，保密就成了重中之重。大家采取了先分组讨论，开会时打一枪换一个地方的策略。

这些做法客观上起到了保密的作用，也让赶到上海与会的毛泽东一时无法找到开会的地址，只好返回长沙。

王尽美却顾不上刨根问底，连忙拉着毛泽东的手说："你说过，有缘总能相见，同路总会相遇。我从报纸上看到了，去年9月湖南安源路矿的工人大罢工，一定是你毛泽东组织的吧？还有，你今年5月在湖南《大公报》发表文章，申明劳工的生存权、劳动权和收入权这三大权利，积极为湖南的劳工立法奔走呼号。我看了，痛快、过瘾！"

王尽美热情激昂地拉着毛泽东问个不停，身边的林育南笑而不语。毛泽东岔开话头对着身边的林育南问："汉阳钢铁厂的大罢工，想必是这位武汉分部林育南主任组织的。"

林育南看着两位故交聊得热火朝天，不忍打断他们的聊天，只好点点头。

这位林育南是著名的湖北"林氏三杰"之一，早期共产党工人运动领袖。他的堂哥林育英后来化名张浩，曾在重大历史关头说服红四方面军的领导张国焘，服从毛泽东为首的中共中央。林育英去世时毛主席为他执绋抬棺，这是毛主席一生中唯一的一次为战友抬棺送行。而林育南的弟弟林彪，后来成为赫赫有名的开国元帅。

见林育南不愿打扰两人的谈话，毛泽东拉着王尽美转身出门，边走边问："听说你参加了共产国际的远东会议，并在二大上传达了远东国际会议精神，是不是也给我传达传达啊?"

王尽美连忙介绍说："是这么回事，今年1月，共产国际在莫斯科召开远东各国共产党及民族革命团体第一次代表大会，党组织派我和张国焘、瞿秋白、邓恩铭等人出席了这次会议，听取了列宁的报告。会议明确了我们的首要任务，是进行反对帝国主义、封建主义的民族民主革命。会后我们在苏联考察了3个多月，也把会议的精神带回了国内。这次二大，制定了党的最高纲领和最低纲领。最高纲领是建设共产主义，最低纲领是消除内乱、打倒军阀、建设国内和平，推翻国际帝国主义的压迫，达到中华民族完全独立，统一中国为真正的民主共和国。"

毛泽东说："反帝反封建的民主革命纲领，为我们的革命斗争指明了方向。你说，我们这次来起草这个请愿书，应不应该是一份战斗檄文？"

王尽美兴奋地说："当然是！一定是！必须是！"

在上海起草《劳动立法请愿书》的过程中，毛泽东与王尽美几乎形影不离，指点江山，激扬文字。

1922年8月16日，邓中夏、林育南、袁达时、毛泽东、谭平山、王尽美六人联名，给北洋政府众议院发出一份《中国劳动组合书记部总部邓中夏等关于劳动立法的请愿书》。这份请愿书要求国会在宪法中规定保护劳工的条文，并提出了劳动法案大纲19条，其中包括承认劳动者有集会结社权、同盟罢工权、缔结团体契约权、国际联合权等。

邓中夏、毛泽东、王尽美等人共同起草制定的《劳动法大纲》，成为中国共产党领导的第一次工人运动高潮的行动纲领。

在这次签名时，王尽美签的是第一次改名时用的"王烬美"。他决心效仿同乡先贤诸葛亮的鞠躬尽瘁死而后已，也学家乡乔有山上的杜鹃鸟，即便啼血而亡燃烧自己，也要让中国的漫山遍野开遍红杜鹃。

提交请愿书后，按照组织要求，王尽美要到北京配合罗章龙的工人运动工作，因为劳动组合书记部和中共中央北方区委决定，要在北方发动一次以京奉铁路为重点的大罢工，作为罢工的负责人，罗章龙当时正缺人手，在征询王尽美的意见时，王尽美慨然允诺。

作别毛泽东时，王尽美把手抄的一首自作诗送给他，这首诗名为《肇在造化——赠友人》：

贫富阶级见疆场，尽善尽美唯解放。
潍水泥沙统入海，乔有麓下看沧桑。

在请愿书上王尽美署名为"王烬美"，而在这首诗中，毛泽东惊奇地发现，这位大耳兄弟的名字从"王烬美"变成了"王尽美"，他握着王尽美的手说："再造一个尽善尽美的新世界，为了国家富强民族解放，这名字改得好！"

这次分别，毛泽东与王尽美相约，一年后的第三次党代会上见。

43.山海怒潮

党的二大闭幕后，全国各地普遍兴起了工人运动高潮。

在中国工人运动的第一次高潮中，全国发生大小罢工100多次，参加人数达30万以上。其中最具代表性的三次，分别是毛泽东、刘少奇、李立三等人领导的安源路矿工人大罢工，京汉铁路工人大罢工，罗章龙、王尽美、邓培领导的山海关工人大罢工和秦皇岛开滦煤矿工人大罢工。

安源路矿是江西萍乡的安源煤矿和由湖南株洲到萍乡安源的株萍铁路的合称，共有工人1.7万人。毛泽东1921年秋冬两次到安源调查，随后由李立三在1922年5月组织成立安源路矿工人俱乐部并担任俱乐部主任。9月初，毛泽东再次到安源对罢工做了部署，接着党组织又派刘少奇到安源，于9月14日举行大罢工，提出增加工资、改善待遇、发清欠饷等17项要求。

安源路矿工人大罢工是中国共产党第一次独立领导，并取得完全胜利的工人斗争，提高了党组织在工人群众中的威信，扩大了党和工人阶级在全国的政治影响。

1920年10月，北京共产主义小组一成立，就在京汉路的长辛店开展工人运动。第二年春，北京共产主义小组成员赵子健来到河南郑州，任郑州铁路职工学校教员，在工人中传播新思想，发动、组织工人。不久，李大钊也来到郑州，给工人讲革命道理，讲工人阶级团结的力量。1921年8月，郑州铁路工人俱乐部成立，随后举行了京汉铁路工人大罢工。

1923年2月7日，吴佩孚命令湖北督军萧耀南借口调解工潮，诱骗工会代表到江岸工会会所"谈判"，工会代表在去工会办事处途中，遭到反动军队的枪击，赤手空拳的工人纠察队当场被打死30多人、打伤200多人，造成了震惊中外的"二七"惨案。这次罢工最终以失败告终，但却扩大了党在全国人民心中的影响。

与此同时，李大钊指导罗章龙和王尽美等人，在山海关、秦皇岛、唐山等地举行了规模空前的两次大罢工，把第一次工人运动推向了高潮。

北方劳动组合书记部成立后，罗章龙担任主任，王尽美担任秘书，两人在李大钊的领导下，主要负责京奉路山海关一带工作，并肩走在了北方工运的最前面。

罗章龙在回忆中说：时国内革命职工运动蓬勃发展，处于第一次工运高潮时期，而北方铁路工人实为运动的中坚。时尽美已任山东劳动组合书记部书记，他建议把山东分部合并于北方劳动组合书记部，以期共同学习，相互推动。我亦极表欢迎，经过商议后经中央同意，尽美遂来北京与我共事，担任北方劳动组合书记部秘书，负责京奉路山海关一带工作。他深入基层，开辟阵地，备极艰辛，终于成功地领导了全路工人罢工斗争，争得了工人的基本权利，建立了京奉路全路总工会。随后又在此基础上，参加领导了全国闻名的开滦五矿大罢工。我与邓培和尽美任罢工委员会总指挥。

1922年9月，王尽美来到北京，见到了北方党组织的负责人李大钊和罗章龙。李大钊开门见山地对王尽美说："我们要在北方发动一次政治大罢工，以京奉铁路为重点，包括秦皇岛、开滦五矿等地，唐山那边的乐亭是我的老家，有3万多工友。这次工人运动由你和罗章龙、邓培负责组织领导，你准备一下，马上动身前往山海关。"

罗章龙是中国工运的主要领导人，参加过党的二大、三大、四大、五大、六大。在此之前，罗章龙先后参与领导了1921年年底的陇海铁路大罢工、1922年长辛店工人大罢工，富有工人运动经验。

罗章龙主持北方工运工作后，根据中共北方党组织和李大钊的指示，先后对铁路、矿山派驻特派员，王尽美担任京奉路特派员。

领受任务的王尽美先期到达京奉路的核心节点山海关。随后，为促成北京东部地区铁路、煤矿工人的联合大罢工，1922年10月1日罗章龙抵达唐山，与王尽美、邓培组成三人领导小组，统一领导罢工斗争。他们深入基层、深入工人群众，开展工作、开辟阵地，成功领导了全路工人罢工斗争，争得了工人的基本权利，建立了京奉路全路总工会，组织了全国闻名的开滦五矿大罢工。

1922年1月邓培跟王尽美一起去过苏俄，与王尽美也算是老熟人。

在三人同时担任总指挥的山海关和秦皇岛一系列工人运动中，王尽美和邓培是一线指挥者。

王尽美短暂的一生曾领导过六次工人运动，两次在济南，两次在青岛，两次在秦皇岛。其中秦皇岛开滦五矿大罢工规模最大、参与人数最多、持续时间最长。山海关京奉铁路工人大罢工历时9天，有2000多名工人参加。开滦五矿同盟大罢工历时28天，有3万多名工人参加。在这两次大罢工中，王尽美是直接领导者和主要领导者之一。

山海关古称榆关，号称天下第一关，扼华北与东北之咽喉，京奉铁路穿山海关而过。今天的东北人口头语中常说的"关里"，指的就是山海关关内。古人所说兵家必争之地，就在这"天下第一关"的雄关内外。而早期的共产党人，也把革命的火种播撒到了这个关口。

这是地理的关口，也是时代的关口。

从地理位置上看当时的山海关地区，随着现代工业的发展，逐渐产生了造桥、港口、煤矿等产业，出现了大批产业工人，因而成为当时工人运动的重点地区。山海关内的开滦五矿包括唐山、赵各庄、林西、马家沟和唐家庄等五个矿区，是当时中国规模最大和最早采用新式技术开采的煤矿，矿工共约5万人。

从时间节点上看，第一次直奉大战后，直系军阀驻军在滦州以西，奉系驻军在绥中以东，秦皇岛、山海关、唐山地区成了两家军阀都不管的缓冲地带，处于特殊的战略位置，客观形势也给工人运动以有利条件。

山海关有一个全国最大中英合办的铁路桥梁厂，这个厂有数千名产业工人，北方劳动组合书记部认为，这里的工人一方面受到外国的资本家剥削，另一方面受中国的工头也就是把头的压榨，加上战火的洗劫，这里的群众基础好，反动力量薄弱，如果能在这里突破一点，即可震动京奉铁路全线。

1921年年底，组织先期安排长辛店铁路工厂的工人杨宝昆，通过山海关铁路桥梁厂当把头的亲戚介绍，来到山海关铁路桥梁厂秘密开展工作。杨宝昆是参加过长辛店工人大罢工的共产党员，他试图在这里建立工人俱乐部，但多次未成。

直奉战争结束后不久，从苏联学成回国的共产党员陈为人，与中国劳动组合书记部北方分部领导成员兼天津特派员安体诚，借用北京政府交通部密查员身份，来到山海关指导工人斗争。他们利用吴佩孚"保护劳工"的这句话，起草了给县政府的禀帖，吴大帅的话岂敢不听？三天后县政府就照准了，山海关京奉铁路工友俱乐部在山海关南关庆福里成立。俱乐部的牌子虽然搭起来了，工友们也在院子里搭起的棚子里娱乐起来了，但想把工人组织起来把矛头对准铁路桥梁厂总管赵璧，还是难上加难。当时的工人中虽然有几个积极分子，但发动宣传不够，陈为人和安体诚离开后只留下杨宝昆一人，领导力量薄弱，工人运动只有想法没有斗争。

陈为人是杨明斋在上海开办的外国语学社的第一批学员，与刘少奇等人被杨明斋第一批派去苏俄莫斯科东方劳动大学学习，并加入中国共产党。1921年年底从莫斯科奉调回国后，被派到北京铁路工会从事工人运动。陈为人多次受中共中央的派遣，到各地从事党的组织、建设工作。陈为人离开山海关后，1922年9月以中央特派员身份到济南，经过调查研究，充分肯定王尽美、邓恩铭在"做了许多有声有色的工作"外，还在山东共产主义小组的基础上，建立了中共山东区支部，推动各山东党组织各项工作的进展。与此同时，山东团的工作在他的领导下开展起来。1922年12月，山东社会主义青年团书记王复元给团中央书记施存统写的一封信中曾说："1922年9月16日成立时，为人同志任主席，计十人出席，中央已接到报告。"

1931年春，陈为人被法国巡捕房当作政治嫌疑犯逮捕，关在上海龙华警备司令部。在狱中，陈为人领导政治犯进行斗争，对没有暴露身份的关向应等特别加以保护，后经党的营救保释出狱。陈为人在狱中受刑过重两腿麻木，并染上了严重的肺病，按照组织决定到刘少奇家里休养。后来陈为人按照党中央的安排负责中央文库的保管工作，他在极端困难的条件下保卫了中央文库的安全。1937年，陈为人的病情已经严重恶化，每天大口吐血不止，3月12日，38岁的陈为人咳血而逝，化作一只啼血的杜鹃。

就在陈为人从山海关奔赴山东的这个当口，从未谋面的王尽美与他擦肩而过接力战斗，并在红色十月里，掀起工人运动的山海关怒潮。

44. 红色十月

　　1922年8月下旬，王尽美以学徒的身份，化名刘瑞俊来到山海关铁路桥梁厂，当了一名翻砂工，并住在了老工人李耀东家里。

　　翻砂是钢铁铸造的一种工艺，就是把炼铁炉里熔化的铁水浇灌进模具中，冷却凝固后而获得产品。模具通常用铸造用砂或者金属制成，铸造用砂需要重复使用，因此把这种铸造方法叫作翻砂。

　　翻砂是一种非常危险又非常沉重的工作，通常是两个人从炼铁炉中接出数十斤甚至数百斤的铁水，然后准确倒进模具进行铸造。一不小心铁水飞溅，烫伤人甚至烫死人是常有的事情。即便在安全的情况下，身强力壮的年轻人干一天下来，也会累得瘫软如泥。

　　但王尽美这个学徒工却不知道苦累，白天翻砂，晚上在夜校里教工人文化课，同时宣传革命活动。最初，只有杨宝昆和

王尽美在山海关时的住处（工人李耀东的厢房）旧貌（王尽美纪念馆供图）

俱乐部的几个积极分子知道王尽美的真实身份，其他工人都只知道王尽美是郑州来的"刘委员"。

王尽美很快发现，开展工作的最大障碍，不是外国的资本家也不是中国的总监把头，而是工人内部由地域划分的小帮派。

铁路桥梁厂的工人因为来自不同地域，分成了天津帮、唐山帮、南皮帮、塘沽帮等小帮派，各自组成了自己的小山头，通过抱团取暖的方式维护着各自的利益。

打破帮派，启发工人认识资本家的剥削本质，让所有人成为同一个阶级的兄弟，是摆在面前的最大困难。

在工人夜校里，王尽美问各个帮派的工友们："大家说，资本家剥削哪个帮啊？"

工友们说："哪个帮都剥削呗。"

王尽美又问："我们该反对哪个资本家啊？"

工友们果断回答："资本家都是一个味儿，都要反！"

王尽美循循善诱地说："我们这些劳苦大众都是被资本家压迫和剥削的，我们是一样的，都是无产阶级。我们只有抱起团来，才有力量战胜那些比我们有实力的资产阶级。"

见在座的工友们对"无产阶级"这个词儿并不熟悉，王尽美举例说："你们看，咱们厂的总监赵璧是天津人吧？咱们工人俱乐部委员佟惠亭也是天津人吧？这个赵璧不但欺负唐山人、南皮人，也欺负自己的天津老乡，因而佟惠亭他们的天津帮，也反对天津赵璧。但这么多年来，天津帮为什么反对无效，还得巴结赵璧啊？是因为小帮小派为了各自的好处，团结不起来，就成了任人拨弄的一盘散沙。所以，我们不但一个厂的工人不能分派，秦皇岛、唐山、长辛店的工人也都要团结起来，全中国的工人兄弟、农民兄弟们都团结起来，大家一个鼻孔出气，就成了谁也打不垮的无产阶级。"

工人们觉得王尽美出过国、留过洋，有知识、有文化，所讲的道理结合本厂实际入情入理，他的演讲很快得到了工人的响应。随后，王尽美又将这些观点传递到开滦煤矿的工人中。

接下来，王尽美在山海关铁路桥梁厂成立工友俱乐部。

王尽美很快就成为工人们的精神领袖。也就在这个时候，平时嚣张跋扈惯了的赵璧，自己撞到了王尽美的枪口上。

年初赵璧的儿子结婚的时候，工友们都送点贺礼或者红包，唯独厂里有一个来自天津的佟师傅，家里都揭不开锅了，借钱也没借到，也就没给赵璧送礼。这下，佟师傅就被赵璧记下了。

就在王尽美到山海关铁路桥梁厂不久，佟师傅因为借钱给妻子抓药，上班迟到了几分钟，恰巧被赵璧碰见，赵璧不管不顾朝着佟师傅劈头盖脸就打，打完了还不解气，又扣了佟师傅半个月工钱。佟师傅哭哭啼啼找老乡和本家佟惠亭诉苦，恰巧被王尽美撞见了。

随后，佟惠亭和景树庭等人将赵璧无故开除工人、吃空额、营私舞弊等劣迹罗列出来，王尽美发动15名工友联名将开除赵璧的告状信，送到了天津的京奉铁路局。

当时正赶上长辛店工人大罢工取得胜利，京奉铁路局也不能容忍赵璧这样的蛀虫，就下令开除赵璧。但是，赵璧开除了，继任者上台后，变本加厉开始报复，制定了许多剥削、欺压中国工人的制度，比如，规定工人上厕所不得超过5分钟。

厂方的这一举动，立即引发了工人们的愤怒，也让王尽美找到了斗争的契机。他借鉴了安源路矿工人的组织经验，在工人中组织了"十人团"，立即以组织的方式展开了斗争。

"十人团"是早期革命者尝试使用的一种组织形式，王尽美在济南领导学生抵制日货时就运用过，也就是每十个人中设置一个负责人，作为工人运动早期的基层组织机构。相当于部队的一个班，由一名班长负责这个班的所有活动。

王尽美在每个"十人团"里设置一名干事，每个车间设置一名俱乐部委员，由17名委员组成山海关京奉铁路局工友俱乐部委员会，总负责人是俱乐部委员长和副委员长。

在工友俱乐部内部，设置庶务、交际、文书、娱乐等部门，由俱乐部委员分别担任部门的股长，对俱乐部委员长和副委员长负责。

此外，王尽美挑选年轻精干的工人组成工人纠察队，车间有分队长，俱乐部设置总队长，由俱乐部委员长兼任。

山海关京奉铁路局工友俱乐部经过王尽美的精心组织，形成了坚强的战斗堡垒，1200多名工人加入了俱乐部。王尽美通过建立和完善一整套的组织和工作制度，使秦皇岛地区工人形成了以党小组为核心、以俱乐部为公开组织形式的坚强战斗堡垒。

接着，王尽美将开滦五矿的工友们也组织起来，为开展大规模的斗争做好了组织上的准备。

党对俱乐部的领导，是通过任命党员担任俱乐部领导来实现的。秦皇岛第一批党员佟惠亭、廖洪翔分别为两个俱乐部委员长。这是今天的我们已经熟悉并接受的组织形式，但在革命初期，这种领导基层工人运动的组织形式，是具有开创性和建设性的。

京奉铁路上，1922年10月，将成为中国工人运动历史上的"红色十月"！

45. 卧轨截车

　　铁路桥梁厂总监工赵璧被开除了，这惹恼了总工程师陈宏经，他和新上任的总监工决定枪打出头鸟，找了个借口把工友俱乐部的副委员长景树庭开除了。接着，厂方以上厕所超过了5分钟为由，一纸布告又把俱乐部委员长佟惠亭开除了。

　　陈宏经他们的目的很明确，杀鸡给猴看，同时搞垮工人俱乐部。但是，这一举动惹了众怒，已经组织起来的工友们群情激愤，聚集在俱乐部门口，要求俱乐部出面与厂方交涉，让厂方收回成命。

　　王尽美欣喜地看到，工友们从依靠地域组织的帮派，聚集到党领导的俱乐部中，主动寻求组织的帮助，开始有了初步的阶级觉悟。王尽美认为，和资本家进行较量的时机到了。

　　王尽美因势利导，将工人们自发开展的反对总监赵璧的斗争，引导为以"改善工人生活待遇、争取工人基本权利"为目标的罢工运动。他们按照长辛店工人运动的路子，向厂方提出佟惠亭、景树庭复职，开除陈宏经，增加工资，节假日发薪等六条要求。

在这六条要求之后，王尽美为工友们准备好了第二招：如果不答复，再组织罢工。

在斗争的初期，为了引起外界的关注并获得舆论的支持，王尽美连夜拟写了新闻稿件和电报，发到了全国各个主要报社和党领导的各地工会组织。因为有些报社已经有我党的工作人员，很快几家报纸便将这个消息登载出来。

上海《民国日报》的标题是《山海关铁路工人罢工酝酿，监工虐待工人被撤差，余党开除代表激我反响》。

京汉铁路总工会回电称：你们的举动不单为你们自己计，亦是为我们全无产阶级争取光荣！所以我们亦准备十分的力量，等到关节，一定要援助的！

拿到报纸和回电，王尽美第一时间念给工友们听，让大家理解天下工人是一家的道理。与此同时，工人们得知全国都知道了山海关工人的斗争情况，而且纷纷声援。工友们除了钦佩王尽美的领导组织能力外，更增强了斗争胜利的信心。

从此之后，俱乐部在工友们中说话特别灵，几乎是一呼百应无所不从，连当地官府和军警都对工友俱乐部另眼相看。有的警察见到俱乐部成员走过来，大老远就点头哈腰。除了面子上的问题，他们还忌惮俱乐部里有一支强大的工人纠察队。

但是，位于天津的京奉铁路局，并不了解山海关铁路桥梁厂的实际情况，更不知道王尽美的到来和俱乐部的成立所带来的微妙变化，他们按照惯常思维，对工人的六条要求置之不理。与此同时，厂方还采取了强硬手段，贴出告示称：要是工人罢工，立即关闭工厂。

对此，王尽美召集俱乐部委员开会告诉大家："厂里的告示说，工人要罢工，别想有饭吃。我们必须通过斗争才能获得胜利。"明确提出须于9月30日发动工友开始罢工。

当天下午6点钟，正当工人们准备下班时，山海关铁路桥梁厂北门外的空地上，面对上千名闻讯而来的工友，王尽美跳上一处高台，大声疾呼："我们工人为资本家创造了财富，也创造了世界，我们的生存诉求凭什么被轻视？要知道，一切幸福都要靠生命和热血换来，我们团结起来誓死力争，没有什么办不到的！我们再不团结起来斗争，怕是没有好日子了！"

王尽美的演讲，顿时引起了工友们的共鸣。经过这次短暂的鼓动，王尽美决定第二天再次召开露天大会，号召更多工人参与到罢工斗争之中。

这次露天集会，从会场布置、标语口号、发言顺序，到表决方法、行进路线，王尽美都做了详尽的安排，每个细节都考虑得尽量周全，整整忙了一个通宵，才将各种事宜安排完毕。

由于组织严密、准备充分，10月1日的露天集会场面十分壮观。各个车间的工人由举着旗帜的工人纠察队小队长带领来到会场，整个会场上各种旗帜迎风飘扬。王尽美站在会场中央大声疾呼，他的身边竖着一面大旗，上书手写的"劳工神圣"四个大字，周边的各种颜色的旗子上，书写着"驱逐工贼陈宏经""从此打倒奴隶制"等各种标语。

所有人员在工人纠察队的组织下有条不紊地组成十几个方队，像召开一场盛大的运动会。一时间，会场上彩旗飞舞、万头攒动。

工人们集会之后，佟惠亭宣读了京奉铁路局的批复，这个批复基本否定了工人们的要求，工人们听后集体高喊着："罢工！罢工！"

王尽美站在台上发表演说："我们的目的就是收回工厂，由工人自己管理。厂里说要是我们罢工，他们就不开工厂了，那样正好，他们不开我们开，我们自己管自己！"

王尽美的这番话，立即引起工人们的激烈响应。但是，王尽美并没有就此带领工人立即展开过激行为，而是一方面派杨宝昆和佟惠亭代表工人到京奉铁路局进行交涉，提出三日内不答复六条要求立即罢工。另一方面，王尽美积极做好罢工的组织工作和舆论宣传工作。

10月1日当天晚上，王尽美又熬了一个通宵，写完了一篇现场特写稿件，不但描述了当时的场景，而且有意渲染了工人组织的严密性。很快，这篇稿件发表在了北京的《晨报》上，文中称：十月一日下午第二次全体露天大会，工人绝非昔比，组织更加详密，尤其惊人的是他们开会的秩序之严整。

试想一下，百年之前，数千名刚刚组织起来不久的工人，在罢工运动中竟然做到如此有条不紊，既展示了王尽美的领导水平和组织能力，也表明了他们所付出的巨大心血。罗章龙在回忆文稿中提到，正是在山海关领导工人罢工的过程中，王尽美身体状况急剧恶化，剧烈咳嗽、咳嗽带血，肺结核病趋于严重的表像开始明显出现。

只是，全身心投入工人运动的王尽美已将自己的病痛乃至个人生死置之度外。

三天的谈判根本没有结果，1922年10月4日，王尽美、罗章龙组织山海关数千名工人正式举行罢工。

10月6日，王尽美为工人俱乐部起草了第二次罢工宣言，提出"不罢工也要冻死、饿死、被压迫死，与其受辱死，不若奋斗死"，并在原六条要求的基础上又附加三则条件。

王尽美把宣言发给全国各报刊和全国各地，各地工人组织纷纷表示支援。

在当时的状况下，工人罢工对工厂打击很大，但工人的生存也成了问题。这种情况下，王尽美把外界捐助的物资全部用来救济最贫苦的工友，既要对那些动摇的工友做思想工作，又要想办法尽快以胜利的方式结束罢工。

最终，王尽美与俱乐部委员们商定，以决绝的方式迫使当局迅速答应复工条件：卧轨截车！

10月9日上午，王尽美带领1000多名工人浩浩荡荡走向山海关车站，当时正有一列开往北京的快车就要出站。突然之间，上千名工友并排着趴到了铁轨上面，像一条平铺在大地上的血肉长城。

就要开出站台的列车驾驶室里，有机务段的英国纠察，也有中国司机。当时列车已经启动，车轮滚滚、隆隆向前。前边千余名中国工人黑压压趴在了铁轨上，英国纠察不知所措，呆若木鸡。眼看这列火车就要变成一把锋利的屠刀，中国司机眼疾手快，一把将英国纠察推到煤堆上，抢过把手紧急制动。

列车在尖厉刺耳的火花中突然停住，此时，车头离卧轨的工友只不过几节车厢的距离。

一列火车拦住了，京奉铁路上后续的所有车辆也都停滞了。临榆县长被紧急请来与工人代表说和，车站也拍电报请示对策。直到下午1点钟，临榆县县长担保三天内答复工人要求，工人们才最后散去。

京奉铁路因此中断了4个小时。

10月12日，京奉铁路局被迫答应了工人的要求，工人们坚持9天的罢工终于取得胜利，在中国工人运动史上留下了惊心动魄的一页。

在山海关罢工过程中，工人们每天都要在工友俱乐部门前集会、点名、领受各种任务。而王尽美也干脆吃住在俱乐部，白天与俱乐部委员研究罢工各种事宜，对工人发表演说、组织领导游行，设法解决工友们的各种困难，打消个别工友的动摇畏难情绪，同时还要对付厂方和军警们派来的说客，作为谈判代表与各色人等展开谈判。王尽美忙得连饭都顾不上吃，有时候一边扒拉几口饭，一边处理问题。

到了晚上，王尽美还要伏案写作，除了及时将山海关大罢工的情况写成新闻报道传递到报社之外，还要撰写各种罢工所需的文字材料，因此常常彻夜不眠。据专门帮助王尽美发送信

开滦五矿同盟罢工胜利合影（王尽美纪念馆供图）

函的工友回忆：当时每天早上都要帮助王尽美发送六七封信函给各个报社，有的信封很厚。

工人罢工一开始，王尽美就撰写了《山海关工人罢工宣言真相》一文。以10月4日的罢工当日为例，5日发出稿件，7日的天津《益世报》、8日的上海《民国日报》都登载了王尽美所写的全文。在那种交通、邮电条件比较落后的年代，王尽美在俱乐部里的一盏煤油灯下，用毛笔誊写六七份稿件，不熬通宵几乎不可能完成。

王尽美出身于社会最底层，他本身就是老百姓，对百姓疾苦感受最深，对老百姓的诉求觉察最明白，对一线斗争的情况了解得最透彻，也深知无产阶级专政的理论是马克思主义的精髓。

1848年，马克思、恩格斯在《共产党宣言》中对无产阶级专政思想做了表述：工人革命的第一步就是使无产阶级上升为统治阶级，争得民主。无产阶级将利用自己的统治，一步一步地夺取资产阶级的全部资本，把一切生产工具集中在国家即组织成为统治阶级的无产阶级手里，并且尽可能快地增加生产力的总量。

作为无产者和共产党人，王尽美履行着无产阶级的政治使命的同时，也努力完成着无产阶级的历史任务。

因为那个时代的农民阶级还没有被发动起来，在当时的情况下，"无产阶级专政"这个名词被普遍理解为"工人阶级专政"，这也是建党初期，共产党人普遍注重工人运动的主要原因。直到后来毛主席领导秋收起义，中国共产党才开始注重发动农民起来斗争。

那个探索革命道路的年代，所有的共产党人都是在共产主义精神的指引下，摸着石头过河。

而王尽美也是模仿着俄国的十月革命，在山海关的十月里，进行了有理、有力、有节的斗争。

46. 啼血杜鹃

　　山海关罢工胜利后，按照党的部署，王尽美把工作重点转移到秦皇岛港方面，作为开滦五矿同盟罢工总指挥部领导成员，负责开滦矿务局秦皇岛经理处的工作。

　　开滦五矿位于河北省唐山境内，有着绵长的历史根脉，清光绪三年（1877年）由直隶总督李鸿章，委派轮船招商局总办唐廷枢创建官督商办开平矿务局。1878年7月24日开滦矿务局的前身开平矿务局正式挂牌。1900年被八国联军占领后，开滦矿务局被英国商会接管，最高年产量曾达136万吨。

　　开滦矿工所受的压迫和剥削，要比山海关的工人更残酷。以工作时间为例，厂方宣称每天工作8小时，但那只是个幌子，实际上工人要两班连续干满16个小时，所得到的收入才能维持正常生活。有的矿工为了养活全家，经常连续十天八天不出矿井，像老鼠一样生活在地下。

　　煤矿工人即便这样卖命，也没法保证正常生存。矿工升井之后领取工钱时，包工头在工钱上掐头去尾砍掉一些，再找些耽误事、磨洋工等事由罚掉一些，矿工的工资就被七七八八砍掉了三分之一。

在地下阴暗世界用命换钱，之后总要用放纵来发泄，这就是在煤矿和金矿等偏远矿区，总有专门为矿工提供消费的赌场和酒馆的原因。很多单身矿工拿到钱后，不是转身去了赌场就是去了酒馆，而这些销金窟都是包工头和矿主与他人联手开办的。

更令人心寒的是，一个矿工身亡的抚恤金只有20个大洋，而买一匹好马需要60个大洋，所以在矿区里有"一命不如一马"之说。

为了改善工人的生存境遇，10月16日上午，开滦五矿工人选出8名代表，向矿务局总矿师提出要求改善生活待遇的请愿书。当晚，王尽美在秦皇岛工友俱乐部召集工友召开露天大会，宣读了这六项条件。

但是，五矿工人提交的这份请愿书，立刻遭到了矿务局的无理拒绝。

王尽美来自山东，对横贯山东半岛的那条吸血的胶济铁路有着深切的体会，他对罗章龙和邓培等战友分析说："秦皇岛港口对英国来说，具有重要的战略意义。开滦煤矿的煤能否从这里运出去至关重要，因此秦皇岛港口的工人罢工，是开滦五矿同盟大罢工的重中之重，甚至比山海关的难度更大、时间更长，我们必须做好各种思想准备，必须周密安排、计划得当。"

10月19日，王尽美与邓培、罗章龙等人组成五矿工人行动总指挥部。王尽美负责领导秦皇岛码头工人大罢工。

10月23日，号召罢工的汽笛拉响了开滦五矿大罢工的序幕，秦皇岛码头工人和开滦五矿3万多名工人同时罢工。工人们像潮水一样涌向东大庙，在这次集会上，王尽美宣读了《开滦五矿罢工宣言》《致开滦矿务局总经理函》。

罢工让秦皇岛码头顿时成了死港，所有的煤炭堆放在码头上，停泊在港口的运煤船无法装船不能起运，整个港口空无一人，只有寒冷的海风吹起漫天煤尘。

其他各个核心部位的所有工人也都拒绝开工。

1922年11月28日的英国《泰晤士报》对此报道称：此次该埠罢工，异常齐心，如电灯、机器各厂及车务处、电话、医院内外，全体工人无一不加入者。

当然，令王尽美意想不到的情况还是出现了，10月24日，赵各庄煤矿工人痛打了企图阻挠破坏工人集会的比利时人梅尔麦德，这下让英方找到了借口。五矿总同盟罢工的发展，引起了外国资本家和北洋政府的深深忧虑，仅一天之内，秦皇岛的英方一连发出三封电报，催天津方面急速派兵来唐山援助。

实际上，山海关大罢工的胜利，已经震动了英国人和北洋政府。就在王尽美他们在秦皇岛开滦五矿展开大罢工的同时，直系军阀曹锟派出一个师的兵力开赴林西、赵各庄等矿区。直隶省警务处派出800多名警察，配合1000多名矿警进驻各矿区。英国的来复枪队进驻秦皇岛和唐山各个罢工地区，还有一支美国远征军以保卫铁路要点的名义进驻唐山，作为英军的后援部队。

10月25日，林西、赵各庄矿工纠察队以集体卧轨的壮烈行动，抵抗英兵来矿。

热血青年们燃起的革命火焰，必然会遭到血雨腥风的洗礼。

10月26日开始，各矿工人遭到当局镇压，军警逮捕7名纠察队员。为了抗议武装镇压的暴行，开滦矿工们聚集在警察局门前示威，高呼着"打倒帝国主义"的口号要求放人，毫无防备的工友们，激愤的情绪像乌云密布的天空一样，等待一声惊雷的唤醒！

就在这个时刻，毫无征兆的开滦惨案爆发了。就在警察局门前，随着一阵乱枪响过，50余名工友倒在了血泊之中。

突发的噩耗，让工友们的情绪达到了空前的高潮，也让王尽美的情绪达到高潮！王尽美连夜撰写《开滦五矿同盟大罢工第二次宣言》和《秦皇岛矿务全体工人痛告国人书》。

王尽美怒不可遏地写道：一时儿啼妇哭，惨不忍闻，死伤枕藉，目不忍睹。青天白日之下，竟在民国里演出无法无天之惨杀公案，公理何在，法律何在？

王尽美向全国各界发出呼吁，请求各界援助支持开滦五矿大罢工，同时决绝地表示："我们绝不畏缩，绝不为恶势力所屈服。经此摧残后，我们三万余人的团结越巩固，除非把我们全体都打死，不然还留我们一人活着，也要为死者报仇，和他们决战，缓和是不能够的！"

王尽美满腔怒火、连夜奋笔疾书，当黎明的第一束微光照进他的房间时，王尽美只觉得嘴巴里一股甜丝丝的味道，他轻轻擦了一下嘴巴，发现手背上是一缕血丝。王尽美以为是晚上没顾上喝水口干舌燥，连忙端起杯子准备喝口水润润嗓子。

　　王尽美没想到的是，他刚张开嘴巴，满口鲜血便飞溅到刚刚写好的宣言上，像家乡乔有山上漫山遍野的杜鹃花。

47. 热血未冷

擦干嘴角的鲜血，王尽美在黎明的曙光里，又继续坐下来，以山海关工友俱乐部的名义写出《秦皇岛矿务全体工人痛告国人书》一文，声援开滦工人大罢工。王尽美在此文中说："本部同仁，热血未冷，不忍视同胞兄弟任人枪杀，决以生命与仇敌相周旋，一为生者争人格，二为死者雪冤屈。凡我全国工友们，父老兄弟们，大家还有良心吗？请一致起来，为我们惨死的苦同胞们报仇啊！"

在王尽美的呼吁之下，各地工会也纷纷发表通电予以声援。中国劳动组合书记部发动各地工人团体以发表通电、捐款捐物等形式，对开滦五矿的工人罢工斗争予以支持。在中共北京地委的指导下，北京大学马克思学说研究会成立北京开滦矿工罢工经济后援会，同时发表宣言，组织人员上街募捐，举行示威游行。

面对国内外资本家和国内政权联手使用棍棒、刺刀进行血腥屠杀，强忍着满腔怒火的王尽美为了保护工友兄弟，要求秦皇岛港口工人和开滦五矿的工友们，在罢工中务必讲究斗争策略，做到"办事手续周密，一切举动文明"。

一边是工人们的怒火，一边是对手的屠刀，在争取罢工胜利的同时如何保全工友们的生命安全是重中之重。在王尽美的组织协调之下，工人们的罢工行动秩序逐渐理性起来，也让对手找不到再次弹压的借口。

默默的抗争胜过激烈的对抗，英国《泰晤士报》也报道称：五矿同盟罢工，以秦皇岛团结最有力。盖工友俱乐部成立时，办理甚善，秩序井然，所以罢工三星期之久，举动文明，毫无激烈之行为。

与此同时，为了保护秦皇岛工友的安全，王尽美还利用山海关距离秦皇岛港口距离较近的优势，把山海关工友俱乐部与秦皇岛港的工友联合起来，不但发布声援书、为秦皇岛罢工工友捐款捐物，还把山海关工友俱乐部变成了秦皇岛工友的庇护所和情报站。只要军警出面抓人的风声传出来，王尽美就立即派人发出警报，让秦皇岛工友俱乐部委员和领导们转移到山海关躲避起来，有效降低了罢工的损失。

动硬的不行，开滦五矿和秦皇岛港的资本家开始采用断炊的手段逼迫工人上工。从10月31日起，开滦煤矿命令各矿区停止集体食堂，很多工人一下断了食物来源。

开滦矿务局对码头和煤矿工人实行计件工资制，按运量和产煤多少计算工资，由包工头供给食宿。罢工开始前，工人依靠微薄工资还能勉强糊口度日，短期内尚可互相支援，维持半饥半饱的生活。但罢工一开始就断炊了，工人们时间一长借贷无门，数万名工人面临着饥饿威胁。

为了应对这种局势，王尽美、罗章龙他们动用各地捐款，在各个煤矿和秦皇岛港开设粥场免费施粥，让罢工斗争勉强支撑下去。

国内外势力联手，经过开滦惨案的刺刀镇压、动用军警逼迫、断炊断粮威胁，都没有达到复工的目的，他们只好采取重金收买的办法，试图各个击破。

11月10日，英国籍的秦皇岛车务处长李克碑出重金，带领京奉铁路工人开着火车头到港口仓库拉车皮，被工人纠察队发现后带到了秦皇岛工友俱乐部。被蒙骗的京奉铁路司机得知真相后，不轻不重地揍了李克碑一顿。

英国人被打成为新闻，因此被媒体广泛报道。英方借机四处造谣，诬陷工人纠察队打人，嫁祸于工友俱乐部，并要求警察逮捕"李克碑事件"中的有关人员。为此，工友俱乐部发表了由王尽美起草的《声讨工贼的公启书》，澄清李克碑所谓"被打"真相，揭穿了英资本家"因风点火，借端诬陷，来破坏我们的团体"以达到破坏罢工目的的阴谋。

轰动秦皇岛和唐山的"李克碑事件"发生后，为防止再次发生类似事件，王尽美制定了罢工会员遵守的三条规则：一是委员会的一切决议，由委员长执行；二是凡会员均须服从委员长的命令，没有他的命令，不得有任何行动；三是会员须执行并严守职责。

此后，秦皇岛港工人的纪律性更强了，工友俱乐部的威信也更高了。

1922年11月17日，开滦矿务局总经理给总矿师杜克茹的电报中说："请敦促杨以德将军对秦皇岛采取更有力的行动。"

17日当天，北洋政府的临榆县县长和警察局局长来到秦皇岛，威胁和慰劝工人复工。但在11月18日，绝大多数工人都未按限期上工。

与此同时，工友俱乐部成员和罢工骨干接到山海关工友俱乐部密报，官方要展开大搜捕，王尽美立即通知秦皇岛工友俱乐部主要领导转移到山海关暂避。当时有段歌谣说：于富恩，来报告，"十人团"，把人叫，大伙集合东大庙，过石河，爬铁道，俱乐部去报到，砖瓦窑里把饼烙。

于富恩是山海关工友俱乐部联络员，这段歌谣反映的是港口罢工领导成员和骨干在山海关工友俱乐部的掩护下抵制复工的情况。

11月18日，由于唐山矿区全面复工，秦皇岛港口的工人陷入孤军作战的境地，英国资本家得以将主要力量用于对付秦皇岛港的罢工，工友俱乐部考虑继续坚持下去不仅对争取更多经济利益无益，而且对工人阶级的团结不利。因此，赴开滦矿务局谈判的工人代表在英国资本家答应了部分罢工要求后，返回秦皇岛港，通知工人于11月21日开始复工。

后来，开滦五矿总矿师秘书斯诺（G.HA.Snow）关于开滦五矿同盟大罢工的日记被发现，真实再现了当时工人罢工的情形。

10月23日，开滦罢工第一日。唐山、林西、赵各庄及秦皇岛均受影响，早晨六点，采取必要措施非常困难，在唐山留在矿里一些主要中国人，林西也留下一些，但赵各庄则无。捕获一个事件制造者（木匠）。矿警奉命居间调停，总经理、总矿师反对该项命令即行撤销。罢工者在各矿开会。

10月25日，开滦罢工第三日。100名来复枪队早车到此，同行者有二名军官，杜克茹随彼等去林西。火车被保留在古冶，警察……开枪……有200名警察工人夜车开往林西并有津局外籍人员六名随行。

10月26日，开滦罢工第四日。昨夜在唐山捕获四人，今晨九点衙门及矿区被攻击，警察……开枪……火车在赵各庄被罢工者阻止并将司机带走后被警察救回……火车驶回林西。外籍人员到达赵各庄。晚间十点有50名来复枪队由林西步行到达赵各庄。工作情况林西较好，赵各庄最严重，没有工人并且水泵房纷扰更甚。矿区被攻击之后，已声请200名军人……

11月13日，开滦罢工第二十二日。昨天铁路局有两人到工学院鼓动罢工，请求全国各大学都照样做。今天早晨学生出来，带有乐队及旗帜。

11月19日，开滦罢工第二十八日。赵各庄在十七日离开工作地点的工人已回来。秦皇岛仍例外，英国总领事也催促省长及杨以德将攻击之人予以逮捕。秦皇岛罢工今晚结束。

轰轰烈烈的开滦五矿同盟大罢工结束了，虽然罢工斗争没有完全实现所有目的，但是这次罢工的深远影响是不可估量的。

开滦煤矿大罢工在中国工运史上，占有十分重要的地位。这次罢工沉重打击了帝国主义和军阀政府，教育了工人阶级，动员了全国人民；这次罢工反映了开滦工人新的觉醒，标志着开滦的工人运动进入新的阶段；这次罢工掀起了北方工人罢工高潮，进一步推动了全国第一次工运高潮的发展。时任中国劳动组合书记部主任邓中夏在《中国职工运动简史》中热情赞颂"开滦罢工是'中国第一次罢工高潮中最重要的罢工之一个'"。

同时这次罢工也为工人运动的兴起留下了有借鉴意义的教训，罢工受挫，其客观原因是，帝国主义和军阀政府相勾结，进行残酷镇压。同时，煤矿的要害部门岗位，一直被矿方严加控制，矿区的基本工作仍然照常进行，因此，他们能够和工人长期僵持。另外，领导罢工的干部不足，罢工的骨干力量弱；经费准备不足，没有能够与农民结成统一战线，工人赤贫如洗，又届寒冬，缺衣少食，没有足够的经费、粮食支持，就要挨冻受饿，罢工很难坚持。

开滦五矿同盟大罢工在国际上也产生了重大影响。共产国际对中国共产党领导的这次大罢工给予高度评价，肯定罢工的重大政治意义，并给予了政治上的支持和经济援助。

在这次罢工斗争中，一批工人中的先进分子对党有了认识，产生了入党要求。王尽美适时地在山海关地区进行了建党活动。1922年11月初，先后接收了刘武、佟惠亭参加党的组织，正式成立党的秘密小组。

开滦五矿同盟大罢工以29天的罢工时间，创造了罢工时长之最；以37000人的人数，创造了罢工人数之最。

48．风雪榆关

党在领导工人运动过程中只能摸着石头过河，在实现无产阶级专政的过程中还缺乏斗争经验。

1923年2月7日，京汉铁路大罢工爆发后，吴佩孚等军阀采用高压手段强迫复工不成，决定对京汉全路的罢工工人实行大规模镇压，赤手空拳的工人纠察队当场被打死30多人、打伤200多人，造成了震惊中外的"二七惨案"。河南郑州有6人被捕，1人被迫害致死，300多人被开除。在彰德、信阳、新乡等处，参与罢工的工人被杀，郑州党组织遭到破坏。在河南领导工运的党的负责人李震瀛、赵子健等被迫远走，工人在罢工斗争中争得的权益全部被剥夺，工会全部被封闭。

"二七惨案"发生后，全国各地的工人组织遭到破坏，工人领袖遭到北洋政府的通缉和杀害。在白色恐怖之下，中国共产党领导的第一次工人运动陷入低潮。

王尽美敏锐地注意到，在山海关、秦皇岛、唐山的一系列工人运动中，在各个不同阶段，除了对手各种手段的对抗，在工人内部，也总有一股势力冒出来进行破坏和捣乱，或者向北洋政府献媚，或者被外国资本家收买。到工人运动低潮时期，面对屠刀，更有人供出这一系列工人运动都是共产党煽动所致。

作为工人运动领袖，又操着一口胶东口音，必然被第一个盯上。在这种严峻的形势下，王尽美尽量避免单独活动，工友俱乐部和党组织也派人暗中保护。因为王尽美平时住在工友李耀东家里，李耀东全家把王尽美当作亲戚一样对待。

在罢工运动中，王尽美是佟惠亭的直接上级，而在工厂上工的时候，王尽美又是老工人佟惠亭的徒弟，师徒二人在工厂里形影不离。

尽管王尽美百般谨慎，也未能逃脱军警的追捕和调查。开滦矿务局总经理在给上海英国总领事的信函中明确写道："在煽动者中间，清楚地有布尔什维克的感染。"

找出工人中的布尔什维克，成为中外对手的共同目标。而王尽美在山海关和秦皇岛、唐山等地搞工会、闹工潮、写文章、做演讲，早已成为山海关和秦皇岛工人运动中的明星人物，想躲避都躲避不掉。1923年2月，山海关铁路桥梁厂翻砂车间的一个把头，诬陷王尽美聚众闹事，临榆县政府立即以这个借口，出动军警将刚刚下班的王尽美和在厂门口迎接王尽美的杨宝昆抓捕入狱。

一起下班的工友们见王尽美被抓走，飞跑到山海关铁路桥梁厂工友俱乐部报信。

王尽美在山海关和秦皇岛的工人群众中有极好的声誉，一听到王尽美被捕的消息，俱乐部主任佟惠亭一边通知工人纠察队火速集结，一面去找临榆县县长交涉。

一时间，临榆县衙呼啦啦拥来400多名工人纠察队员，肩扛铁锤锹镐，手持纠察队的红旗，把县衙大堂围得水泄不通。

斗争的旗帜势压县衙大堂，不绝的口号响彻云霄。

后堂里跟佟惠亭喷着口水的县长一看大事不好，连忙对佟惠亭说："你们要保证他们出去不再聚众闹事，我就放人。"

佟惠亭立即拍着胸脯担保下来，王尽美被抓两个小时后，在数百个工人的簇拥下走出临榆县衙门，仿佛王者归来。

此时，山海关党的秘密小组成员认为，谁也无法保证王尽美在山海关和秦皇岛的安全，必须立即撤离。但王尽美并没有接到上级撤离的指示，坚决不同意撤离。

迫在眉睫的是，王尽美前脚刚出门，北洋政府的通缉令就贴满了秦皇岛和山海关的大街小巷。与此同时，王尽美也接到了上级党组织的转移指示。在安排妥当山海关和秦皇岛各项工作之后，王尽美又秘密交代了与上级党组织的联络方式、地点和人物以及联络暗语，然后在1923年2月底的一个暮色苍茫的傍晚，背向巍峨雄伟的山海关，在风雪寒夜中奔向北京汇报工作。

在这场充满热血与奇寒的斗争中，他在迎着风寒的奔波中，不幸染上了痨病，也就是我们今天所说的肺结核，只是王尽美本人当时并不知道。

据罗章龙回忆，王尽美在山海关时就染上了肺结核，而后时间经济两感缺乏，不能得到适当疗养，劳瘁之状不堪以言语形容，病势日剧。

后来，罗章龙专门为此赋诗一首：

> 风雪榆关道，同君到海隅。
>
> 地掀千嶂起，波涌片帆孤。
>
> 海岳兼形胜，天人辟坦途。
>
> 叮咛五矿事，喜汝见良图。

罗章龙在回忆中说：这首诗记述了1922年冬，风雪载道，我同王尽美同志为计划开滦五矿罢工，同登山海关的往事。1923年，京汉路工人"二七"大罢工期间，在北洋军阀残酷镇压面前，尽美同志临危不惧，奔忙于北京、山海关之间。一方面积极组织京奉路工会参加声援，另一方面又严加防备敌人袭击，使京奉路工会免于遭到大的破坏。

罗章龙称赞他的战友王尽美：赤手空拳与工头、厂长、工贼、军警等搏斗，历尽人生未有的苦痛。卒运用他的智力克服一切困难，打倒许多强敌。尽美一方面发展京奉全路工会，促成京奉路总工会的组织，另一方面帮助秦皇岛数万煤矿工人创立五矿工会。于是数万矿工如潮涌一般，纷纷投奔尽美指导的矿工会旗帜之下，后来开滦五矿不断的罢工潮，即尽美当时撒下的种子。

49. 苍茫大地

在王尽美领导山海关大罢工的同时，1922年8月29日至30日，中共中央执委在杭州西湖举行会议。马林把共产国际关于实行国共合作的指示直接打印到穿在身上的衬衣上，再从莫斯科来中国。经过马林的解释和说服，并经过充分讨论，会议决定在孙中山改组国民党的条件下，由共产党少数负责人先加入国民党，同时劝说全体共产党员以个人名义加入国民党。

这次会议是中国共产党关于国共合作政策由党外合作到党内合作的转折点。

1923年1月12日，共产国际执委会做出《关于中国共产党与国民党的关系问题的决议》，指出中国共产党在民主革命中同国民党合作是必要的。这个决议传到中国后，对促进国共合作起了重要的作用。

1923年6月12日，中国共产党第三次全国代表大会在广州召开，出席大会的40位代表，代表了全国420名党员。

共产国际代表马林参加了会议。陈独秀主持会议并代表第二届中央执行委员会做报告。

大会的主要议程有三项：一、讨论党纲草案；二、讨论同国民党建立革命统一战线问题；三、选举党的中央执行委员会。

会议的中心议题是讨论与国民党合作、建立革命统一战线。陈独秀在报告中，着重说明了中国共产党决定和国民党建立革命统一战线的依据和过程。代表们就共产党员以个人身份加入国民党、建立革命统一战线的问题进行了热烈的讨论。

在这场讨论中，固执的杨明斋坚决反对国共合作。

他之所以这么做，是因为作为共产国际远东局的元老，他坚持认为共产党一旦跟国民党合作，就会失去独立性。

开始，陈独秀也不赞成国共合作，但中国共产党是在共产国际的帮助下建立起来的，从建党开始，中国共产党作为共产国际的一个支部，对共产国际的决定必须无条件地服从，因此陈独秀不得不同意国共合作。

后来，共产国际代表鲍罗廷曾毫不隐晦地说："是共产国际逼迫中国共产党人加入国民党。"

少数服从多数，个人服从组织，下级服从上级，全党服从中央，这是共产国际和所属各国共产党的组织纪律。虽然陈独秀服从了，年轻的中国共产党服从了，可杨明斋就是不服从。

张国焘在回忆中说："中共中央为说服这些反对意见，真是煞费气力。譬如一向以崇拜陈独秀先生著称的杨明斋，就曾指斥加入国民党的政策，无异是将共产党出卖给国民党，为此与陈独秀大闹一场，并声称不愿再与陈见面。这个性情耿直的山东人，自请调往甘肃工作，因为那里国共两党均无组织，自然不发生合作问题。中央无法说服他，只有允许他的要求。"

在这种僵持不下的情况下，杨明斋只好带领第二批外国语学社的学生中的青年才俊，去了莫斯科中山大学留学。这批学生中有几位后来成为中共党史上的著名人物，如秦邦宪（博古）、张闻天、杨尚昆、伍修权。

到达莫斯科之后，杨明斋留在中山大学总务处工作，后又于1927年返回中国工作。

大革命失败后，1929年11月15日，中共中央政治局做出了《关于开除陈独秀党籍并批准江苏省委开除彭述之、汪泽楷、马玉夫、蔡振德四人决议案》，这个"决议案"给陈独秀扣上了"反革命"的帽子，但性格耿直的杨明斋接受不了共产国际对陈独秀这么严厉的处分，他认为大革命的失败，共产国际有不可推卸的责任，现在把国共合作失败的责任几乎全部推给了陈独秀，让陈独秀当这个"替罪羊"，是错误的。

可在当时的情况下，共产国际和中国共产党内，没人愿意听一下杨明斋的呼声。

1930年春，杨明斋只身一人偷越国境到达苏联，想直接找共产国际反映情况并为陈独秀喊冤。但他到了苏联不久，就被逮捕并流放到托木斯克。

在流放的日子里，杨明斋多次写信给在苏联工作的共产国际的中国代表王明等人寻求营救，都没有得到回音。此后他开始一心一意地写他的第三本书《社会生存本义》。

在日常生活中，杨明斋仍旧保留着山东农民的生活方式和习惯，自己砌灶、劈柴、生火做饭。一个人窘迫不堪、蓬头垢面地苦熬着流放的日子。

当时在苏联西伯利亚保卫部门工作的师哲知道杨明斋的情况后，曾两次去探视，并劝他再给王明写封信。师哲对杨明斋说："我们在莫斯科时，称王明为小鬼，可是他现在担任中共驻国际代表团团长，还是依靠组织解决问题为宜。"

杨明斋却决绝地表示：绝不为五斗米折腰！

1938年2月7日，杨明斋在肃反运动中，被苏联内务部以捏造的"日本间谍、托派分子"的罪名再次逮捕，在没有经过任何审讯的情况下，于5月26日倒在了苏联大清洗的枪口之下。

直到1989年1月，苏共中央在苏联解体之前，为所有未经审判就惨遭镇压的人恢复名誉，杨明斋才获得了平反。1989年8月，中国政府公布杨明斋为革命烈士。

如今，在上海中共一大会址中有了杨明斋的陈列，中共党史教科书、《辞海》等工具书中也有了他的记载，他的家乡故居亦成为重点文物保护单位，这也算是对杨明斋这位中共早期活动家的一丝告慰。

然而，杨明斋未留下任何物品，甚至连一张照片也没有。平度党史部门为了还原杨明斋的容貌，于1986年参照杨明斋的兄弟杨好河的照片，为杨明斋画了一张像。画像分别呈送邓小平、伍修权、乌兰夫、王辩等人审订修改后由此确立。

杨明斋是目前已知加入共产党的第一位中国人，在建立中国共产党的过程中起到了不可替代的作用（王尽美纪念馆供图）

在建党百年之际，中共中央党史研究室在与俄罗斯的国际合作中，终于从历史档案中找到了杨明斋去世前的最后一张照片。杨明斋的脖子上，隐隐约约还有一根绳头，这是不是临刑前的遗照，目前不得而知。杨明斋这位目前可知加入共产党的第一个中国人，终于在硝烟散尽后初露峥嵘。

杨明斋出生在潍河的中游，王尽美出生在潍河的上游。早期中国共产党和国民党的山东籍代表人物，都出生在这条河流中上游的两岸。

尽管杨明斋极力反对国共合作，甚至不惜与陈独秀撕破脸皮，但党的三大还是决定共产党员以个人身份加入国民党。大会选举陈独秀、蔡和森、李大钊、谭平山、王荷波、毛泽东、朱少连、项英、罗章龙等 9 人为中央委员。

被选为中央委员并进入政治局担任秘书的毛泽东，并没有在三大会场上见到故友王尽美。

在共产国际和苏联的帮助下，孙中山也加快了改组国民党的步伐，并聘请鲍罗廷为政治顾问。1924 年 1 月，中国国民党一大在广州召开，标志着第一次国共合作的正式形成。

党的三大确定了第一次国共合作的方针之后，1923 年 10 月，王尽美也以个人身份加入国民党，并在组建国民党山东党部过程中鞠躬尽瘁，奔走呼号。

50. 特派员

1924年1月，花城广州，依然身穿长衫的毛泽东和王尽美再次相遇。这次，两人作为各自省份的代表，参加国民党第一次全国代表大会。

在孙中山组织召开的这次国民党一大上，共有23名共产党人参加，选出的中央执行委员24人中，包括谭平山、李大钊等3名共产党员。坐在39号位置上的毛泽东，被选为国民党中央候补执行委员。这次大会上，新创建的国民党正式公布了联俄、联共、扶助农工的三大政策。

在这次会议上，王尽美的座号是1排3号，离主席台很近，几乎与主席台上的孙中山面对面。会议期间王尽美认真聆听了孙中山的讲话，近距离目睹了一代伟人的风采。当然，这位面容略显清癯的年轻共产党人，也引起了孙中山的注意。

在国民党第一次大会上，毛泽东和王尽美直到大会第四天，才听到另一项任命，并没有当上代表的青年军官蒋介石，被任

在中国共产党帮助下，孙中山改组国民党。1924年1月，中国国民党第一次全国代表大会在广州召开，重新解释三民主义，实际确定了联俄、联共、扶助农工三大革命政策，第一次国共合作正式形成。图为王尽美（前排左一）在国民党一大会场（王尽美纪念馆供图）

命为黄埔军校筹备委员会委员长。也许，当初很少有人意识到，青年军官蒋介石与年轻的共产党人毛泽东，会在此后的历史上发生什么样的风云际会。

国共合作实现后，在苏联的支持和中国共产党的帮助下，孙中山创办了黄埔军校，为国共两党培养了大批军事人才。与此同时，国共合作也促进了工农运动的重新高涨。

国民党一大结束后，毛泽东与王尽美依依惜别的时候，面对王尽美对工人运动的慷慨激昂，毛泽东清醒地说："这次回到湖南，我准备到农民中间去。你注意没有？现在党内存在着的两种倾向，一种只注意同国民党合作，一种只注意工人运动。但我认为，中国无产阶级的最广大和最忠实的同盟军是农民，只要他们行动起来，必将势如暴风骤雨，迅猛异常，无论什么大的力量都将压抑不住。他们将冲决一切束缚他们的罗网，朝着解放的路上迅跑。一切帝国主义、军阀、贪官污吏、土豪劣绅，都将被他们葬入坟墓。"

王尽美虽然屡遭挫折却越战越勇，这次毛泽东对革命前途忧心忡忡，有些出乎王尽美的意料。革命观点不同是正常的，两人依然相约在1925年党的四大上再次相逢。

然而，两个年轻人哪里会想到，从此之后便是阴阳两隔。

毛泽东和王尽美都没有参加党的四大，两人几乎同时累病了。1924年年底，毛泽东在领导湖南农村革命运动中积劳成疾，回到老家韶山养病。

一个月之后的1925年1月，王尽美为了宣传革命进步思想，与国民党反动派进行了连续3天的大辩论，最终因高强度辩论劳累过度，当场吐血被送进医院治疗。6月，沉疴已久的王尽美也回到老家大北杏村养病。

随着革命运动的发展，国民党内部的分化加剧，统一战线内部面临着极为复杂的局面。1925年1月，党的四大在上海召开。共产国际代表维经斯基出席了会议。会议根据共产国际五大制定的采取自下而上的统一战线的方针，确定党的工作重点是开展工农运动，发展工农力量，并明确提出了无产阶级在民主革命中的领导权和工农联盟问题。

王尽美在国民党一大期间给孙中山留下了深刻印象，并从此开始了一段私人交往。

1924年11月，孙中山发表《北上宣言》，提出召集国民会议，以谋祖国的和平统一和建设。这一主张得到中国共产党人的大力支持和全国民众的拥护。李大钊在北京成立国民会议促成会，中共北方区委和社会主义青年团组织，广泛发动社会各阶层群众参加这一运动。随后，在北京成立"国民会议促成会总会"。

在北京，王乐平的恩师丁惟汾，与王尽美的精神导师李大钊，在第一次国共合作中联手救中国。与此同时，王尽美作为共产党山东党组织的负责人和他的恩师王乐平联手，在山东积极行动起来联手救中国。

而在南方，随着北伐战争的推进，北洋军阀的日子越来越不好过了。

1924年冬，丁惟汾和李大钊组织北京国民会议促成会总会，展开了大规模的宣传活动，除组织街头演讲外，还组织讲演大会，请李大钊等前来讲演。当时，王尽美以中共山东省地方执行委员会负责人的身份，赶赴北京听取李大钊等人的报告。

与王尽美同行的，还有王乐平、王哲等人。他们在北京大学听取李大钊、瞿秋白等人的报告，对召开国民会议的意义有了更明确的认识。

1924年12月，王尽美和王乐平、王哲等人返济时路过天津，与北上的孙中山在天津相遇。

孙中山不但在天津约见了王尽美，两人还进行了长时间的谈话。

新中国成立后担任山东省副省长的王哲回忆："我们到了天津后要求见一见孙中山。孙中山先派人来接谈，之后，他在国民饭店分别接见了我们四人。因为王尽美同志1924年1月到广州出席中国国民党第一次代表大会时，就与孙中山相识，所以孙中山首先接见了王尽美同志，并与其进行了长时间的谈话。据王尽美同志回来说，孙中山先生特别关心冯玉祥倒戈、直系溃败后的北京局势。王尽美同志与孙中山先生交谈了山东国民会议运动的情况。"

会见期间，孙中山授予王尽美盖有"孙文之印"的国民会议宣传员委任状。

继王尽美之后，孙中山又分别接见了王乐平、阎容德和王哲三人，颁发国民会议宣传员委任状。据史载，孙中山到津当晚住国民饭店，翌日移居天津张园，不久病发。

按照这个记载，孙中山抱病接见王尽美等国民会议宣传员，应在天津张园。

出身于贫苦家庭，加上母亲的教育和中共初创时期经费极度紧张，王尽美不但为人真诚善良热情豪爽，而且极其节俭。在王哲记忆中，王尽美在生活中非常节约，从来不多花一分钱，住旅馆也要找最便宜的。他们这次从天津回济南时，王乐平、阎容德乘坐头等车厢，而王尽美与年轻学生王哲坐的则是最低等的闷罐车厢。

王哲回忆当时情景时说：闷罐车厢里乘客多，而且都是普通的工农商学群众，王尽美不愿放过任何一个联系群众和公开宣传的机会。一路上，王尽美热情地向乘客宣传国民会议运动的重要意义。王尽美说，善后会议不能解决问题，只有国民会议才能解决中国的政治问题，才能产生临时国民政府，才能废除帝国主义强加给中国的一切不平等条约，才能解决中国的统一和建设问题。王尽美对大家提出的问题，深入浅出地进行解释，旅客们听得津津有味。每到一站，有新旅客上车，王尽美就又宣传一遍。王尽美随身带着一把胡琴，讲累了，就拉胡琴，拉一阵胡琴再讲，从天津一直讲到济南。

对于这个时期的宣传工作，王尽美在济南读书时写的一首诗曾广为流传：

> 无情最是东流水，日夜滔滔去不停。
> 半是劳动血与泪，几人从此看分明。

每到一站，有新旅客上车，闷罐车内的王尽美就又宣传一遍国民会议的意义。王尽美随身带着一把胡琴，讲累了就拉胡琴，拉一阵胡琴再讲，从天津一直讲到济南（王尽美纪念馆供图）

后来叛变的王用章曾与王尽美在济南一起居住，他回忆说：同居一室，共度艰苦生活，在艰苦中开展工运。奔波终日，恒不得饱食，有时日食一餐。不得不随时随地与当店（当铺）发生交易。

1923年年底，团中央特派员王振翼到山东巡视。11月26日，王振翼给团中央总书记刘仁静，宣传部部长恽代英，团中央执行委员、中央局委员长邓中夏反映说：因济南同志十分苦，带来的费用部分与济南的同志共用。王振翼因此还特别向组织呼吁，给济南党团组织多增加一些经费。

在这样艰苦的条件下，一心奔走在革命路上的王尽美，只能吃最便宜的饭、住最便宜的店、一袭布衫常年不换。

王尽美回山东工作后，他和国民党左派王乐平密切合作，并担任了国民党山东省党部的职务。国民党北京执行部成立后，王尽美担任了工人部的助理。

当时王尽美并不知道的是，山东督军郑士琦接到孙中山选派国民会议宣传员的电报后，第一个站出来反对。郑士琦致电中华民国临时政府和临时执政段祺瑞："顷接孙中山先生电，本宣言召集国民会议之旨，特派同志二三人，赴各省、区宣传大意，俾众国民咸了然于国民会议之真相等语。查大局初定，各秩序尚未完全恢复，目下鲁省伏蟒潜滋，保护未周，难免不发生误会。应如何应付之处，祈示遵行。"

有段祺瑞手下郑士琦的阻挠，山东的国民会议宣传工作就异常艰巨。但王尽美还是带着王哲等人奔走在山东的各个城市之间。

比王尽美年轻两岁的王哲1900年生于山东省滨州市黄升乡黄升村，1919年就读于北京大学，1925年在王尽美的推荐下到苏联莫斯科中山大学学习。新中国成立后，王哲于1956年8月任山东省副省长兼山东医学院院长，1977年任山东省政协副主席、党组副书记。

关于王哲去莫斯科读书的这个情节，还要补充一个插曲。孙中山改组国民党后，根据联俄、联共、扶助农工的新三民主义政策，派往苏联一批留学生。1925年10月，一艘苏联货轮缓缓驶出上海的长江口。甲板上站着一群年轻人，他们在《国际歌》的激昂旋律中奔赴海参崴，再从海参崴乘火车前往莫斯科中山大学。

这些年轻人中有很多国共两党要员的后代。山东的学生中除了王哲，还有王翔千的女儿王辩。更有几个名字后来被记录在中国历史上：

四川人邓希贤，他后来的名字叫邓小平。

安徽人陈绍禹，后来他还有一个更响亮的名字叫王明。

此外，这批学生中还有邵力子的儿子邵志刚，冯玉祥的儿子冯洪国和女儿冯弗能，于右任的女儿于秀芝等。

这些学生中还有一个15岁的浙江娃娃，他是刚刚成立的黄埔军校校长蒋介石的长子，名叫蒋经国。

51. 血沃中华

那个热血的年代里，所有革命者的目标都是三个字：救中国！

李大钊和国民党人丁惟汾联手，在北京领导组织了具有强大阵容的联合战线，除了国共两党之外，还包括实践社、新军社、四川青年社、新溪社、革新社、中山学社等进步社团。当时国民党北京市党部委员11人中，共产党阵线的有李大钊等5人，国民党阵线的有路友于等6人。

1919年10月，孙中山将中华革命党改组为中国国民党，丁惟汾受命担任山东支部部长。但国民党山东支部的具体事务都交由他的学生王乐平负责，他本人经常追随孙中山左右，很少在山东。1921年2月，丁惟汾出席了孙中山在上海召集的改组国民党会议，作为9名改组方案起草委员之一，参加了《中国国民党党纲》和《中国国民党总章》的草拟工作。1923年2月，孙中山委派丁惟汾担任"辅助总理"的参议要职。

1924年1月，国民党一大在广州召开时，丁惟汾参与大会的组织领导工作，当选为第一届中央执行委员。会后，丁惟汾奉命带领助手路友于抵达北京，与共产党人李大钊合作共事。

　　在国共合作的形势下，北京的国民党组织发展迅速，当年即有14000人加入国民党。1926年1月，丁惟汾在国民党二大上被推为7人主席团成员之一，并担任中央执行委员会委员。

　　1926年3月12日，冯玉祥的国民军与奉系军阀作战期间，日本军舰掩护奉军军舰驶进天津大沽口，炮击国民军，守军死伤10余名。国民军坚决还击，将日舰驱逐出大沽口。日本竟联合英美等8国于16日向段祺瑞政府发出最后通牒，提出撤除大沽口国防设施的无理要求。

　　针对此事，参加国民党二大后的丁惟汾回到北京，与李大钊领导了"三一八"运动。

　　3月18日，北京群众5000余人，由李大钊主持在天安门集会抗议，要求拒绝八国通牒。段祺瑞执政府竟下令开枪，当场打死47人，伤200余人，李大钊和陈独秀的儿子陈乔年也在斗争中负伤。

　　后来军警在清理现场时，竟然将死者财物尽行掠去，甚至连衣服也全部剥光。"三一八"惨案的死者中有一位为人们所熟知，她就是鲁迅先生《记念刘和珍君》的主人公——北京女子师范大学学生刘和珍。

　　后世有人称段祺瑞当天并不在执政府里，开枪的命令也不是他下的。还有人说段祺瑞在知道政府卫队打死徒手请愿的学生之后，随即赶到现场，面对死者长跪不起，并从此终生食素，以示忏悔。这个说法是否准确，不得而知。

但毫无疑问的是，"三一八"惨案是压垮段祺瑞政府的最后一根稻草。"三一八"惨案后，举国震惊。中国知识阶层纷纷痛斥执政府和段祺瑞的行为是"倒行逆施的暴行""是政府自弃于人民矣"。当时著名的学人如傅斯年、周作人、林语堂、朱自清、闻一多、邵飘萍等，均有文字见诸报端；梁启超刚刚动完手术，缠绵病榻，犹不忘口诛笔伐；鲁迅则有《记念刘和珍君》等文，尤为悲天悯人……

此时的李大钊不仅是中国共产党的北方负责人，共产国际的中国主要代理人，而且还是与冯玉祥部队及南方国民党的重要联系人。为保存革命力量，3月底丁惟汾、李大钊等率领国共两党的党部机关，迁入东交民巷苏联使馆所属的一个废弃的兵营。

这一秘密据点被法、日公使馆相继发现。他们互相联系，将情况通报给安国军总司令部，并一起鼓动奉系军警采取行动。

正当国共两党的北方领导人四处躲避的同时，远在外地的一个年轻人却在血雨腥风中赶赴北京，做出了飞蛾扑火的壮举，这个人就是王尽美的山东诸城同乡路友于。

在丁惟汾和李大钊之外，路友于也同时受到国共两党信任。他虽然是国民党人，却一直被中国共产党称为"革命志士"！

路友于和同乡王统照1915年入济南省立第一中学，1918年毕业后留学日本早稻田大学，回国后，先后在山西、河南组织建立了国民党的两个省党部，推进了国民党北方势力的发展。

国民党一大后，路友于跟随丁惟汾到达北京，为维护国共合作奔走宣传，并担任了李大钊的助手，在工作过程中，李大钊多次称赞路友于有学问、有胆识，虚心工作，易与接近。

1925年3月，路友于全力协助李大钊召开抵制段祺瑞"善后会议"的全国国民会议促成会。1926年1月，路友于在国民党第二次全国代表大会上当选为候补中央执行委员，返回北京后任中央政治委员会北京分会秘书主任。

1927年3月，担任国民党北京特别市党部执行委员兼商民部长的路友于，正在汉口工作，得知北洋军阀张作霖正疯狂镇压革命，同仁劝其暂留汉口，路友于斩钉截铁地说："现在革命已到严重时期，成功与否，全视北方能否工作，吾辈当努力做牺牲者，岂屑斤斤为个人计安危哉！"

路友于毅然北上，到达北京时，已有若干同志被捕。丁惟汾等国民党人都相继离京南下广州准备北伐战争。而赶赴北京的路友于坚持在京同李大钊一起工作，遣发已暴露身份同志，托同乡营救被捕者。

4月6日上午10时，京师警察厅总监陈兴亚率领警察、宪兵、便衣侦探300多人赶至东交民巷。路友于与李大钊等革命同志被捕。当日被逮捕共有50余人，包括苏联使馆工作人员甘布克等10余人，中共北方区执委会书记李大钊等20余人，国民党中央候补执委路友于等10余人。

在李大钊被捕第三天，《晨报》登出消息："闻李大钊受讯时，直认真姓名，并不隐讳。态度甚为从容，毫不惊慌。彼自述其信仰共产主义之由来，未谈党的工作，否认对北方有密谋。李被捕时着灰布棉袍，青布马褂，俨然一共产党领袖之气概。"

李大钊入狱后，受尽各种严刑拷问，始终立场坚定，坚贞不屈。他在狱中写道："钊自束发受书，即矢志努力于民族解放之事业，实践其所信，励行其所知，为功为罪，所不暇计。"

张作霖逮捕李大钊等共产党人和革命志士，激起全国舆论的公愤，工人、学生、学者和社会名流，均起而营救李大钊等人。李大钊在狱中得到人们欲营救的消息后，表示坚决反对这样做，他说："我个人为革命为党牺牲，是光荣而应当，但已是党的损失。我不能再要同志们作冒险事业，消耗革命力量；应当保存力量，不使革命力量再受损失。"

"特别法庭"在装模作样地对这些"人犯"做了一番提讯后，至中午时即宣读了判决书，认李大钊、路友于等20人为赤党，判定死罪执行绞刑。

李大钊和路友于的罪名都是"实系赤党宣传共产，妄图扰害公安，颠覆政府"。当天下午2时左右，李大钊和路友于在北京西交民巷京师看守所刑场被处绞刑，献出了宝贵的生命。

李大钊第一个走上绞刑台。由于绞刑架陈腐失修，上下反复两三次，历时28分钟。但是李大钊始终神色不变，视死如归。一代英豪，壮烈捐躯，终年仅38岁。

李大钊牺牲22年后的1949年，他当年预言的"试看将来的环球，必是赤旗的世界"，在他的同事和学生毛泽东的领导下，在中国实现了。

1949年3月，当毛主席回到阔别多年的北平城时，曾十分感慨地对身边的同志说："30年前我为了寻求救国救民的真理而奔波。还不错，吃了不少苦头，在北平遇到了一个大好人，就是李大钊同志。在他的帮助下我才成了一个马列主义者。他是我真正的老师，没有他的指点和教导，我今天还不知道在哪儿呢。"

留存于后世的一张李大钊就义前的经典照片中，共有3人，李大钊右侧的男子就是路友于，左侧的女子是革命志士张挹兰。张挹兰是李大钊领导下的北京特别市党部的执行委员，也是妇女运动的先驱，也是当时女性刊物《妇女之友》的主编。

今天，在北京万安公墓的李大钊烈士陵园内，路友于陪伴李大钊长眠于此。

就在李大钊和路友于就义三天之后的4月9日，鹿钟麟率国民军以段祺瑞暗通奉系为罪名包围国务院，段祺瑞逃入东交民巷法国使馆，执政府倒台。

而逃离虎口南下广州的丁惟汾在促成北伐之后出任国民党中央党务学校训导长和中央训练部长。后被选为国民党中央党部秘书长，兼任监察院副院长，历任五届、六届中央常委。

丁惟汾不是蒋介石的嫡系，但蒋介石却利用他的元老派招牌，主持国民党的党务工作，实际上丁惟汾自己明白这只是一种摆设。当时还没有蒋家王朝的"四大家族"一说，坊间传闻的是"蒋家天下丁家党"，后来，这句话变成了"蒋家王朝陈家

留存于后世的一张李大钊就义前的经典照片中，李大钊右侧的男子是路友于，左侧的女子是革命志士张挹兰（诸城名人馆供图）

党"，负责国民党中央党务工作的人物变成了陈立夫、陈果夫。

后来，蒋介石派人暗杀了丁惟汾的得意学生王乐平，并且对他本人也存有戒心。这让丁惟汾对政坛再无眷恋，开始潜心学术研究。1949年去台湾后挂了一个虚衔，1954年5月12日逝世于台北，终年80岁。

丁惟汾把五女儿丁玉隽许配给了革命家黄炎培的儿子黄万里，后来在清华大学担任教授的黄万里成为中国水利专家，并以反对三门峡和三峡水电站的建设而著名。丁惟汾的家族中，他的后辈侄曾孙丁肇中成为物理学家，获得诺贝尔物理学奖。

52. 呕心沥血

1925年年初王尽美到达青岛，住在天津路59号"连升栈"，以孙中山特派员的身份公开出面活动。在国共两党的协助下，首先在李村路神州大药房内设立了国民会议促成会筹备处，接着，1月11日，在《大青岛报》上发表《王尽美启事》，邀请各界人士前往商谈国民会议促成问题，宣传召开国民会议的意义。

青岛各界各团体来访者络绎不绝，令王尽美应接不暇。在王尽美的宣传教育和联络组织下，1月17日，37个团体的300余名代表举行青岛国民会议促成会成立会议。王尽美在福禄寿剧院发表长篇演说，向市民详细演讲孙中山的革命主张、国民会议促成会的意义，号召全市各界联合起来，推翻封建军阀的专制统治，建立民主、昌盛的新中国。

随后，王尽美又多次召开群众大会。他带病讲演，扩大国民会议运动的宣传。

王尽美还同青岛党组织第一任书记、亲密战友邓恩铭一道，领导青岛地区的工人运动。在他们的努力下，青岛工人运动在1925年春天出现了第一次高潮。2月，胶济铁路大罢工。4月，日商纱厂又开始了总同盟罢工。

罢工的胜利，影响广泛，在青岛历史上是空前的。

在青岛工人运动期间，作为北方工运领袖的罗章龙，到过青岛很多次，亲临指导和援助罢工。

罗章龙在《回忆王尽美光辉的一生》中道："我先到了四方机车，又到胶济路。我在胶济路还发展了一个党员叫李清山，傅书堂也是我在那里工作的那个阶段发展的。"

罗章龙在回忆中说：尽美重返济南主持山东各项运动，并常常往来于淄川、博山、青岛、四方等处指挥全省工农组织。山东政府惶恐万状，饬令各县到处严侦尽美行动，军警监视无虚日，是年秋尽美遂复往北京任全国铁路总工会干事。时正值军阀曹锟当国，北京政治暗无天日，禁锢严密甚于专制帝政时代，杀戮政治党人尤为残暴，故当日北京有刑场之称。尽美在极困难的环境中工作，处事机警，并为营救因"二七"事件被幽囚在保定的诸同志，伪充禁卒，出入险地，往返探监数次，给予狱中同志精神与物质的安慰。

王尽美冒着风险假扮狱卒到保定探监时，已经病入膏肓了。

1925年3月1日，代表人民意志的国民会议促成会全国代表大会在北京召开。3月12日，正当国民会议促成会全国代表大会期间，孙中山因操劳过度在北京病逝，引起全国的哀悼。王尽美以极其沉痛的心情，拖着重病，参加追悼和安葬孙中山先生

王尽美在青岛海岸路18号居住过的房间（王尽美纪念馆供图）

的活动。

孙中山逝世后，国民会议失去了旗帜，国民会议促成会全国代表大会不久也就结束了。在整个国民会议运动期间，王尽美多方奔走，积极工作，在传播党的反帝、反封建思想方面，在组织、引导群众参加政治斗争方面，起到了积极的作用。

此前不久的3月6日，因为国民会议促成会的紧张筹备工作，中共北京党组织重要成员、山西党组织创始人高君宇病逝。"我是宝剑，我是火花。我愿生如闪电之耀亮，我愿死如彗星之迅忽"，其人已逝，但写在相片上的这句话仍锵然在耳。

生如闪电、死如彗星的高君宇，生前也患有严重的肺病，经常咳血不止。而高君宇的女友石评梅，这位年仅26岁的才女因悲伤过度，在泣血哀吟中走完短短的一生，人们把她葬于陶然亭内的高君宇墓旁，完成了"生前未能相依共处，愿死后得并葬荒丘"的遗愿。

毫无疑问，高君宇也是那个年代的啼血杜鹃。

1925年，王尽美以带病之身，奔走于济南、北京、上海、广州等地，并四次往返于青岛和济南之间。这个时期，王尽美身兼数要职，终日奔波，饮食不规律，休息不好，为党的事业日夜操劳，他的肺结核病也越来越严重了。

罗章龙回忆说：尽美乃返回北京，后又转往山东淄博、青岛等地，继续指挥各地工农组织，不稍停歇。时他任山东省委书记兼山东工委主席和国民党山东执行部委员。山东反动政府对尽美行动恐慌万状，四处缉拿。尽美于该年秋复来北京任全

1925年3月12日孙中山在北京逝世。为了表达对孙中山的深切悼念与敬意，国共两党组织民众、学生进行了哀悼活动。王尽美抱病参加了这次活动（王尽美纪念馆供图）

国铁路总工会干事。在工作极度繁重和困难的条件下，尽美总是不顾个人安危，身肩重任，为稳定全局、营救被难战友、恢复工会组织而多方奔走，给我们很大助力。

王尽美患上了严重的肺结核病，身体日渐消瘦。因为经常咳血，他的长衫里常装着一方小手巾，有时一天下来，白色的手帕就被血染红打湿。

这时期，王尽美为发动青岛工人罢工，多次登台演讲。他的精彩演说引人入胜，强烈地吸引了一位14岁的懵懂少年。这位少年名叫余修，新中国成立后曾任山东省副省长。

余修这样回忆当时站在台上被称为王先生的年轻人：1925年，正是海岛上春寒料峭的时候，青岛中山路南头，一座名叫"福禄寿"的剧场里，坐满了工商学各界的人士。在雷鸣般的掌声中，有一位身躯颀长方面大耳的青年人快步走上讲台。他年约二十七八，穿一身灰布长袍，笔挺地站在讲台上，用锐利的目光，扫视全场听众的兴奋面孔，他自己的脸上也充满激昂的表情。等欢迎的掌声落下来，他便开始了滔滔不绝的讲演。这位讲演者就是王尽美。他对时局的分析，精辟深透，他的革命立场鲜明坚定，他那政治家的风度、十分吸引人的讲演才能，都给我留下了很深的印象，以至若干年来都不能忘记他。

"若干年来都不能忘记他"的还有一个人，他叫刘子久，当时还是一个入党不到一年的年轻人，他多次给王尽美清洗被血染红的小手帕。

刘子久在山东省立青州第十中学就读时，他的老师王振千是王翔千的亲弟弟。1923年10月，刘子久加入社会主义青年团。1924年10月刘子久由王尽美、王翔千介绍加入中国共产党。

刘子久是山东广饶县大王镇刘集村人，新中国成立后曾任国家劳动部副部长，中共第七届中央候补委员。1925年春节后，刚入党不久的刘子久在回家探亲之际，介绍堂叔兄刘良才加入中国共产党，在东营地区农村播下革命火种，建立了山东第一个农村党支部。也就是这次回乡，刘子久把《共产党宣言》带回了广饶县大王镇老家。

53. 血洒趵突泉

1924年刘子久从山东省立十中毕业后，王尽美邀请他赴济南协助编辑《齐鲁青年》杂志。富有才干的刘子久得到了王尽美的称赞和赏识。10月，由王尽美和王翔千介绍加入中国共产党，成为一名职业革命家。

刘子久到达济南见到王尽美的当晚，王尽美就披着衣服来到了他的房间，咳嗽着把一本薄薄的书递给刘子久说："好好看看这本书，是它，坚定了我的革命信念。"

王尽美指了指封面上那个留着长发、蓄着大胡子的人："这个人叫马克思。"然后，王尽美翻到最后一页，高声念道："万国劳动者团结起来呵！好好体会吧，这是马克思向工人阶级发出的伟大号召！"

王尽美走后，刘子久捧着这本书读到天亮。后来他对朋友说："我能走上革命道路，是一人一书影响了我，一人就是王尽美，一书就是《共产党宣言》。"

1925年1月24日，农历大年初一的早晨，爆竹声此起彼伏，王尽美匆匆吃了几口饭，就冒着严寒，踏着厚厚的积雪向济南趵突泉公园赶去。就在前一天除夕的时候，王尽美发现有几个男女基督教徒，在趵突泉公园附近起劲地鼓噪，美化帝国主义对中国的侵略，于是这天他叫上刘子久等几位同志去和他们辩论。

　　阵阵寒风吹打在王尽美苍白消瘦的面庞上，他大口喘着气，胸腔里像有个风箱，呼呼地响着。王尽美的结核病越来越严重了。

　　在趵突泉公园墙外一角，站满了基督教徒，面对王尽美一行人的挑战，他们个个怒气冲冲，面含愠色，一副剑拔弩张的样子。

　　王尽美上来就给他们当头一棒，他质问对方说："耶稣说人家打你左脸，你就把右脸也送给他打。你们宣传的这一套，就是让我们不仅把山东送给帝国主义，还要把全中国也拱手送给他们，是不是？"

　　王尽美拖着羸弱的身躯，与基督教徒展开了连续三天的大辩论。后来，大辩论成了大宣传，听众达数千人之多。王尽美在演讲中数次口吐鲜血，有的教徒见状仰天大笑，有的幸灾乐祸地喊道："这是上天的惩罚，这是上天的惩罚！"

　　站在王尽美身边的刘子久心如刀割。他搀扶着王尽美，劝他马上到医院去。

　　王尽美摇摇头，发出一阵令人揪心的咳嗽，他的喉咙像堵塞的风箱一样呼呼喘着气，吐出几口鲜血后，身子突然瘫软如泥倒在地上。刘子久和其他人急忙把王尽美抬上一辆黄包车，急急送往医院。

编辑《齐鲁青年》杂志的刘子久，这时候自告奋勇担任了王尽美的助手，并住在王尽美隔壁。

血洒趵突泉之后，王尽美在济南的医院里住了没几天，就躺不下去了，医生劝阻不住，只得作罢。医生把刘子久拽到门外说："再不好好休养，他的命就要保不住了。"

刘子久苦劝王尽美，王尽美没有血色的脸上露出艰难的一笑，他咳嗽着，吃力地说："比起劳苦大众，我的生命算得了什么？还记得马克思那句话吗？万国劳动者团结起来！现在青岛的工人斗争热潮这么高涨，我怎么能躺得下？"

1925年4月，王尽美带着刘子久等人再次来到了海滨城市青岛。青岛的春天，空气显得格外湿润，用手攥一把，好像能流出水来。尽管风还有些淡淡的凉意，可春天的脚步已经阻挡不住了。

就在这个春天，青年刘子久亲眼目睹了王尽美最后斗争的20个日夜。王尽美病情恶化，却依然坚持留在罢工的工人队伍中。

在声势浩大的斗争中，刘子久切身感受到了工人阶级的力量，他对王尽美说："现在，我真正领会到马克思在《共产党宣言》中，那句万国劳动者团结起来的真正含义了。"

王尽美欣慰地点点头："读《共产党宣言》，不能停留在它的字面上，关键要领会它的精髓，要付诸斗争！看，今天我们不是获得了初步的胜利吗?"

第二天上午，当王尽美蹒跚地走出庆祝罢工胜利的现场时，身体晃动了几下，突然倒在了地上，大口大口地吐着褐色的血块。

在欢庆罢工胜利的锣鼓声中，这位斗士倒下了。

54.鞠躬尽瘁

连日吐血，王尽美终于病倒了。此时，王尽美沉疴已久，病情已经到了无可救药的晚期。党组织和同志们多次劝说王尽美尽快住院治疗，但他总是说："我们老家有个先贤叫诸葛亮，他曾经说过一句名言，鞠躬尽瘁，死而后已！为了尽善尽美的解放事业，我也要鞠躬尽瘁，死而后已！"

经过权衡之后，王尽美认为自己身患重病已经无法工作，留在青岛只能给组织和战友增加负担。1925年6月，他独自回到了潍河的老家大北杏村静养。

从1918年离开大北杏村到这次回乡，整整八年过去了，王尽美是头一次在家乡待这么久。

此时的大北杏村正是麦黄时节，躺在自家小屋里的王尽美，突然听见成群的布谷鸟扑棱着翅膀疾飞过自家低矮的房顶，惨然鸣叫着。王尽美擦了一把嘴角的鲜血，艰难地从地上抄起一根木棍当作拐杖，蹒跚着走出低矮昏暗的小屋，走出村庄走向田野。此时的大北杏村，麦浪像金子一般涌向天边，农家又到了忙碌热闹的收割季节。

顺着布谷鸟飞去的方向抬头往南一看，村前的乔有山上依然是原来的模样。王尽美蹒跚着走出村庄，跟着布谷鸟的叫声，一步一挪地朝着乔有山上走去，他想听听布谷鸟的叫声，看看漫山遍野的杜鹃花。

但是，当王尽美登上乔有山上时，只看见刚冒出嫩芽的遍地野草覆盖了齐长城，却没有看到一朵杜鹃花开。王尽美心里一惊，随即释然了。1923年那次风雪榆关道上的奇寒，是王尽美有记忆以来最寒冷的冬天。1924年的冬天，病入膏肓的王尽美也遭遇了人生的奇寒。熟悉杜鹃花习性的王尽美知道，杜鹃花虽然耐寒能力很强，但是在极端低温环境下，不做好保暖御寒措施，也可能会被冻伤冻死，第二年不会开花。

王尽美自言自语说："明年布谷鸟叫时，杜鹃花又会漫山红遍！"

可令王尽美和所有乡亲们都没有想到的是，自从1925年之后，再没有人见过乔有山上的杜鹃花开。

在与大北杏村一河之隔的王尽美祖居的五莲县后张仙村，此后若干年杜鹃花年年开放。映山红、满山红、迎红杜鹃、云锦杜鹃等40多个品种，让五莲杜鹃成为中国北方杜鹃的翘楚。在王尽美去世87年后的2012年8月3日，国家农业部正式批准对五莲杜鹃花实施农产品地理标志登记保护。

看着乔有山上的凄然景象，王尽美只好在黄昏时刻，慢慢挪下山来。

虽然祖母、母亲和妻子竭尽全力照料，但当时的大北杏村位置偏僻、缺医少药，加上营养跟不上，王尽美的病情越来越重，王尽美也自知来日不多。

此时的王尽美依然惦记着工作，惦记着党组织，最后，王尽美不得不对母亲说："娘，我要去青岛！"

娘撩起大襟褂子擦一下眼角，含着眼泪说："儿啊，你看咱们村那些出去闯荡的人，哪个不是落叶归根回到咱这乔有山上、潍河川上？"

王尽美强忍着喉咙中的一口鲜血，有气无力地说："娘，我要去青岛！"

娘把王尽美的祖母和妻子叫过来，又把他的两个儿子叫过来。对王尽美说："儿啊，你在家一天、活着一天，咱家就有一天顶梁柱，你忍心看着我们三个女人都变成寡妇，你的儿子一个七岁，一个三岁，你忍心看着他们变成没有爹的孤儿吗？"

王尽美只觉得喉咙一热，忍不住一口鲜血喷了出来。两个懵懂的娃娃看到满地鲜血，止不住号啕大哭，三个女人无声抽泣起来，但王尽美依然咬住嘴唇说："娘，我要去青岛！"

母亲、祖母和妻子三个女人，什么也没说，捂着脸冲出了房门。

1925年7月的一天，母亲变卖了家里所有能换钱的东西，借遍了所有能借到的亲戚，又找了村里几个精壮劳力，用家里的门板做成担架，挪动着小小的裹脚，陪着王尽美一步一步往火车站走去。

出村的那个瞬间，王尽美抓着两个儿子的手，轻轻摇着，久久不肯松开，一颗泪珠悄然从眼角滑出。王尽美明白，这次离开家乡就是永别。

他的祖母和妻子站在村口，一人牵着一个娃娃，手搭凉棚遥望着亲人消失在视野中。后来不久，妻子和祖母在凄风苦雨中相继去世，没能等到解放的那一天。只有他的母亲，在极度困苦之中把两个未成年的孩子挣扎着养大，让他们成长为王尽美的革命事业接班人。

青岛是山东革命斗争的前沿。王尽美觉得，那里有自己亲爱的同志，那里有太多的事需要自己去做，即使"出师未捷身先死"，为了打造他理想中那个尽善尽美的世界，也要死在战斗的最前沿。

大北杏村离高密火车站路途遥远，母亲担心儿子在路上被蚊虫叮咬，把家中唯一的一顶蚊帐撑在了担架上。乡亲们用担架把王尽美抬到高密，把他送上了去往青岛的火车。

到达青岛之后，党组织立即将王尽美送到青岛医院救治，但此时，王尽美已经到了人生最后时刻。

1925年8月19日，骨瘦如柴的王尽美到了弥留之际，不时口吐鲜血。此时他已无力握笔，用微弱的声音口授遗嘱。坐在病床之侧的是他的母亲，站在母亲身边的是他的亲密战友罗章龙，记录者是中国共产党青岛市委的负责人。

弥留之际，王尽美口授遗嘱说：希望全体同志要好好工作，为无产阶级和全人类的解放和共产主义彻底实现而奋斗到底！

在病房里，青岛支部负责人眼含热泪记录下了王尽美的遗言。王尽美一字一句看过后，在遗嘱上按下了自己的手印。

后来罗章龙回忆说：时我正在青岛巡视，急赶赴医院，相见于弥留之际。尽美临终，以党的事业相嘱，遗言毫不涉及私事，我党失去精干，我内心深为悲痛。事后，北方区委在北京、唐山等地隆重举行大会追悼，我当时曾作诗以志怀唁。

1925年8月19日，王尽美在青岛医院与世长辞，享年27岁。正如王尽美为自己所改的名字一样，他的一生都在革命的道路上坚定不移地前进着，直到生命的最后一刻，也不曾忘记革命的初心，力求尽善尽美唯解放。

在中国共产党一大代表中，王尽美是最早离开人世的。

1926年中华全国铁路总工会开会之际，罗章龙为王尽美同志写了一篇传记，给王尽美非常高的评价：尽美为革命剧战重创而死，与战殁于疆场者意义相等。他以身殉工作，他的生命即弥洒在千万革命群众中。生平行谊，重研究务笃实，宣传与组织均为其所特长。对于当前事变，肆应无碍，而又勇忍负重，不矜不伐，确为一有理论能行动的革命天才。其对于党义服膺尤为忠诚，居常痛恨流俗虚矫、盗名欺世，引为青年诟病。日与同志以布尔塞维克相勉，群众受其感化，蔚成风气。故直到今日山东革命势力，巍然构成北方革命战垒中最坚强之一部。

罗章龙为王尽美写下一首悼诗：

忆昔书记部，东鲁萃群英。

党团多魁秀，君领方面军。

严严泰山峻，泱泱黄海山。

青济衮泰间，风起复云燕。

方圆亘千里，车马久经循。

攻守大槐树，转战皇姑屯。

罢工曾卧辙，布檄竟飞文。

凡此诸战役，与君共经纶。

积劳染沉疴，心力交相侵。

予闻君病危，一再临海滨。

访君汇泉医，见君神志清。

遗语不及私，肝胆为摧崩。

医术诚不竟，百药竟无灵。

夺我党之良，苍天何不仁。

叹息斯人去，群工泪为倾。

此恨何时已，沧海欲生尘。

55. 君与恩铭不老松

在王尽美去世的同时,湖南省长赵恒惕再次通缉湖南共产党的领袖毛泽东。32岁的毛泽东离开故乡韶山,去广州主持农民运动讲习所。毛泽东路过长沙的橘子洲时,写下了《沁园春·长沙》一诗:

独立寒秋,湘江北去,橘子洲头。看万山红遍,层林尽染,漫江碧透,百舸争流。鹰击长空,鱼翔浅底,万类霜天竞自由。怅寥廓,问苍茫大地,谁主沉浮?

……

面对前路和自己的初心,毛泽东发出时代之问:问苍茫大地,谁主沉浮?

而王尽美8年前的发问,与青年毛泽东异曲同工:沉浮谁主问苍茫?

对理想，对时代，对未来，对民族，对苍茫大地、浩瀚宇宙，他们发出了同样的追问，这是他们的初心，也是一代热血青年的共同追求！

热血洒尽，不忘初心，苍茫大地已是星火燎原。

时间一晃就是百年，当年南湖红船上那场开天辟地的风云际会，他们看到了初心，却无法预料每个人的结局。与会13名代表在此后艰苦卓绝的革命斗争中，走上了迥异的人生道路，有人坚持到了最后，有人血染红旗，还有人中途变节，留给后人无限感慨。

1928年年底，在王尽美去世三年后，接过革命血旗的邓恩铭在济南进行革命活动时，由于叛徒告密被捕入狱。1931年4月5日黎明，30岁的邓恩铭从容整装，与难友们一一告别，然后高唱《国际歌》昂首阔步走向济南纬八路刑场，英勇就义。

1949年10月1日，毛泽东和同时参加了党的一大的代表董必武，同时登上了天安门城楼参加了开国大典。

1949年9月21日，开国大典前夕，中国人民政治协商会议第一届全体会议在北京中南海怀仁堂开幕。会议期间，毛主席接见山东参加第一届政协会议的代表山东省副省长马保三时说："看到你们山东的同志，我就想起王尽美。革命胜利了，可不能忘记老同志啊！你们山东要把王尽美烈士的历史搞好，要收集他的遗物。"

此时，王尽美已经去世24年了。24年之间早已天翻地覆，王尽美的形象在毛主席的印象中却依然清晰，毛主席向马保三及在场的人员介绍说："王尽美耳朵大，细高条，说话沉着大方，大伙都亲热地称他'王大耳'。他还多才多艺，记得那个时候，他和邓恩铭，一人吹箫，一人吹笛，给我们带来不少的乐趣。可惜这位同志呀，要是活着，能干一番大事业的。"

感动不已的马保三当即表态："请主席放心，回去即办！"

山东分局领导连忙派人来到王尽美的家乡山东省诸城市枳沟镇大北杏村，找到了王尽美的母亲。王尽美的母亲走到房间里一块没有苔藓的墙边，哽咽着说："尽美，出来吧，是毛主席派人接你来的！"说完，双手拼命地抠着土墙，一边抠一边哭诉着："儿呀，毛主席还惦记着你，关心着你呀，你出来同毛主席说说话吧……"土墙抠开了，王尽美母亲从墙洞里面取出个油布纸包，小心翼翼地展开，里面是王尽美的一张黑白照片。照片的背后是王尽美的手迹：二三年九月摄影于北京，瑞俊。

这是当年王尽美留给亲人的纪念，山东分局立即组织人员翻拍后，连同相关文字材料送到北京毛主席手上，毛主席拿给董必武一看，两人激动地说："没错，这就是王尽美，就是王大耳！"

后来，毛主席把这张照片转寄给上海革命纪念馆。如今全国各地展出的王尽美照片，以及王尽美墓碑上的照片，都出自这张凝结着领袖情、母亲爱的遗照。

王尽美当年英年早逝后，留下了两个儿子，7岁的长子叫王乃征，3岁的次子叫王乃恩。王氏一门除了这两个年幼的孩子，便只剩下了王尽美的祖母、母亲刘氏以及妻子李氏三个寡妇。

母亲珍藏的王尽美照片（王尽美纪念馆供图）

王尽美母亲刘氏（左一）与后人合影（王尽美纪念馆供图）

一门三代寡妇带着两个年幼的孩子，在乡村里咬紧牙关生活下去。4年后，王尽美的祖母和妻子李氏相继过世，只剩下王母一个人拉扯着两个孙子。

王尽美的两个儿子在王尽美母亲的培养之下，也先后跟随父亲的脚步走上了革命道路。

王乃征和王乃恩在王翔千等人的资助下，读完了小学和初中的所有课程。王尽美的长子王乃征从曲阜山东省立第二师范毕业后，1937年回到诸城老家组建抗日游击队，并加入了父亲组建的共产党。1946年王乃征跟随山东纵队奔赴东北，参加了辽沈战役，后来担任吉林省军区参谋长、副司令员，1983年离休，90岁去世。

王尽美的次子王乃恩于1939年入党，后成为南下干部，新中国成立后担任了浙江省义乌县委书记。

1957年7月，毛主席由江苏南京飞抵青岛视察。在青岛，毛主席对陪同的几位山东省领导说："你们山东有个王尽美，是党的一大代表，是个好同志。革命胜利了，我们更不能忘记那些牺牲了的同志。听说他母亲还活着，要好好养起来。"

山东的同志表示立即照办，毛泽东还风趣地说："你们如果有困难，就把老人给中央送去。"

在场的几位山东的同志全被逗乐了，急忙表示："请主席放心，我们一定把尽美同志的母亲照顾好，让她老人家过一个幸福的晚年。"

领袖的关怀深深感动着山东的同志，副省长李宇超亲自派

王乃征（右）、王乃恩（左）合影。王乃征（1919—2009），王尽美长子。1937年加入中国共产党，曾任吉林省军区参谋长、副司令员、顾问。王乃恩（1923—2012），王尽美次子，又名王杰。1939年加入中国共产党，曾任浙江义乌县委书记、上海交通办副书记（王尽美纪念馆供图）

人把王尽美的母亲接到济南，安置在山东省交际处院内，与李宇超家同住一个院。李宇超夫妇二人常常挤出时间陪伴王尽美的母亲，让饱经风霜的王尽美母亲度过了一个愉快的晚年。

李宇超当年参加革命时，他的入党介绍人就是王尽美。

1958年5月，73岁的王尽美母亲在弥留之际，用极其微弱的声音对他的孙子乃征说："一定面谢毛主席……"但是，后来王乃征在几次见到毛主席时，考虑到不能在公开场合表明他是王尽美的儿子，也不能打扰毛主席的工作，也就没有把母亲的感谢告诉毛主席，因而留下了终生遗憾。

不仅毛主席没有忘记王尽美，1961年，当年南湖上与王尽美同船的董必武南下巡查工作，提笔写下七言绝句《忆王尽美同志》：

> 四十年前会上逢，南湖舟泛语从容。
>
> 济南名士知多少？君与恩铭不老松。

毛主席第三次提到王尽美，是1969年4月1日，在中国共产党第九次全国代表大会开幕时，毛主席在讲到王尽美等革命先烈对中国革命的贡献时说："我们党从1921年成立，到今天已经有48年这么长的时间了。第一次代表大会只有13个代表，今天我们是1512位代表。现在在座的还有两个，一个就是董老，再一个就是我。有好几个代表牺牲了，山东的代表王尽美、邓恩铭，湖北的代表陈潭秋，湖南的代表何叔衡，上海的代表李汉俊，都牺牲了……"

毛主席当时并不知道，他的讲话无意间救了王尽美次子王乃恩一命。此时的王乃恩正被造反派从浙江义乌揪到上海进行批斗。上海的造反派头头接到北京电传的最高指示，顿时慌作一团。毛主席在九大讲话中都提到王尽美了，可是他的儿子还在批斗中劳动改造呢！于是，造反派急急忙忙将王乃恩从牛棚里释放出来。后来，王乃恩在上海市交通系统工作，直至退休。

只有杜鹃鸟持续不断地啼鸣催促，才能让人们在杜鹃花漫山遍野的春天，走向田野，布谷播种，才能让秋天硕果累累！

每一位为了尽善尽美的中国呕心沥血、死而后已的革命先驱都是这样的啼血杜鹃。

在任何时代，我们都需要这样的精神引领、信仰支撑。在新的时代，一定会有更多这样的人掏出心来举在头顶，像灯盏一样引导我们的前程！

鞠躬尽瘁，尽善尽美

——代后记

人，是可以成为灯盏的！

那么，人的灯盏是什么？是信仰，是精神。

鞠躬尽瘁，尽善尽美。这是我理解的王尽美精神。

我理解的鞠躬尽瘁，是恭敬谨慎，勤勤恳恳，尽心竭力，奉献一切。三国时期的诸葛亮，在著名的《后出师表》中说过：鞠躬尽瘁，死而后已。

王尽美在他的诗中也说过：尽善尽美唯解放。我理解的尽善尽美，就是人民群众对美好生活的向往。

我们每个人，生来都有自己的历史使命，有的人会成为灯盏，有的人会成为航船。虽然我们芸芸众生大多是随波逐流，但我们依然要记得，一定要仰望远处的灯塔。尽管灯塔遥不可及，但那是我们前行的方向。

正是那些迎风执炬的人，化作时代的航标灯，照耀着我们的前程。比如，百年之前追求尽善尽美的王尽美。

我之所以用诸葛亮的"鞠躬尽瘁"和王尽美诗歌中的"尽善尽美"来概括王尽美精神，有两层意思：首先，是精神传承，无论历朝历代的先贤还是我们共产党人，历史使命和责任都是为生民立命，为天下开太平，为国家和人民鞠躬尽瘁。其次，是共同的文化渊源和地域影响，无论根据历史记载还是后世考证，诸葛亮和王尽美都曾经生活在同一块土地上，有着共同的文化根脉。

据历史记载，诸葛亮出生在琅琊阳都，从春秋时期开始，这个地方就是莒国都城所在地，也是唐代大书法家颜真卿的祖居地，"毋忘在莒"的典故就出在这里。据历史学家考证，诸葛祖庭在诸城市枳沟镇葛陂村，本来姓葛，后来诸葛亮的祖上迁移到莒，为了区别于当地的葛氏，故而复姓诸葛，也就是诸城葛氏的意思。

王尽美的家乡山东省诸城市枳沟镇大北杏村，离葛陂十几里，离阳都几十里。他们都是喝着潍河水、读着先贤的书长大的。

山东共产党的创始人王尽美、王翔千等人，为什么会集中在潍河流域的诸城一带？其中有传统文化的熏陶，个人的历史使命，也离不开地域文化的影响。

百年以来，王尽美成为诸城一代又一代青年人的精神楷模。本书作者丁一鹤出生在山东省诸城市枳沟镇，曾就读于王尽美的母校，年年清明节都要到王尽美纪念馆祭奠与瞻仰。丁一鹤对于王尽美的尊崇来自家乡故土，撰写这部《尽美中国》是他的使命。

作为地方党务工作者，我长期在诸城党政系统工作，并在枳沟镇工作多年，对于王尽美的事迹与传说耳熟能详。扎根在先贤的土地上，呼吸着英雄的空气，对于鞠躬尽瘁和尽善尽美，有着土地与种子一样的亲身感受。

人是灯，文化是灯，信仰是灯，这些灯盏在人生苦难时陪伴我们，在家国幽暗时引领我们，这些灯盏就是我们的前进方向。

民族存亡之际，王尽美那一代人奋不顾身，救人民、救民族、救中国。他们的肉身像流星一样陨灭，但他们的英魂与我们同在，并像灯盏一样照耀着我们的前程。

在我眼里，王尽美是一种精神，一种信仰。

在和平年代，信仰落实到我们基层共产党人的行动上，就是努力满足人民群众对美好生活的向往，鞠躬尽瘁，尽善尽美。

赵治国

图书在版编目 (CIP) 数据

尽美中国：王尽美传 / 丁一鹤著. — 北京 ： 北京
十月文艺出版社，2025. 2. — ISBN 978-7-5302-2443
-4

Ⅰ. Ⅰ25

中国国家版本馆 CIP 数据核字第 2024UY6855 号

尽美中国
王尽美传
JINMEI ZHONGGUO

丁一鹤　著

出　　版　北 京 出 版 集 团
　　　　　北京十月文艺出版社
地　　址　北京北三环中路 6 号
邮　　编　100120
网　　址　www.bph.com.cn
发　　行　新经典发行有限公司
　　　　　电话 010-68423599
经　　销　新华书店
印　　刷　河北鹏润印刷有限公司
版　　次　2025 年 2 月第 1 版
印　　次　2025 年 2 月第 1 次印刷
开　　本　880 毫米 ×1230 毫米　1/32
印　　张　10.25
字　　数　204 千字
书　　号　ISBN 978-7-5302-2443-4
定　　价　42.00 元
如有印装质量问题，由本社负责调换
质量监督电话　010-58572393

尽美干部学院内的王尽美雕像（丁一鹤供图）